ゼロから始める
都市型狩猟採集生活

坂口恭平

ゼロから始める都市型狩猟採集生活

イラストレーション　坂口恭平

――きみは何も持たず、着の身着のままで街に降り立った。
家は？　仕事は？　生活は？　いったいどうする？
しかし、何も持たない人間でも生きていく方法がある。
太古の人間が海の幸、山の幸を享受して暮らしたように、
ぼくらの周りにも、〈都市の幸《さち》〉が溢れているからだ。
きみに都市型狩猟採集民として生きる方法を伝授しよう。

目次

はじめに

小さい頃からずっと「家」に興味があった。

愛用の学習机に毛布を屋根のように被せて、その下に住み込んだ小学生時代。そこで「巣づくり」の面白さに目覚めたぼくは、そのまま「将来は建築家になろう」と考えた。

しかし、そうした巣づくりは、現代の建築家の仕事ではなかった。だから、ぼくは建築家の道から外れることとなった。そして、たくさんの疑問だけが残された。たとえば、なぜぼくらは家を借りたり、買ったりしなくてはならないのか？

べつに召使いを雇うような大きなお屋敷に住みたいわけじゃない。小さくてもいい。それでも自分の息吹がかかった空間を、自分の手でつくってみたいだけなのだ。しかし、現実には難しい。先祖伝来の土地や家屋を所有している人でないかぎり、家は借りたり、買ったりしなければならないものとされているのである。

でもこれ、ちょっとおかしくないだろうか？

テニスコートとか、野球場とか、そこに広大な空間があるにもかかわらず、人間が住むためには存在していないのだ。どう考えても主客転倒だろう。

こんなことばかり考えているものだから、ついには「そもそも、お金をもらって家を建てるなどという仕事自体が間違っている」という結論に至ってしまった。

こうしてぼくは、「既存の」建築家を目指すことをやめてしまったのである。

そして、ぼくの関心は、いわゆる路上生活者と呼ばれている人たちへと向かっていった。なぜなら彼らは、都市の中で唯一、自力で「家」や「仕事」を、つまりは「生活」を発明しながら生きていると思えたからだ。

彼らは実際、都市が吐き出す「ゴミ」を自然素材とみなし、それらを拾い集めて自力で家を建てている。ビーバーが川で拾ったものだけで巣づくりをしている映像が、頭の中でダブった。現代でも原初的な生命力を失っていない人々がいたのである。

それに、最初はちっとも立派に見えなかった彼らの住まいにメジャーをあてて調べてみたら、これがびっくり。「起きて半畳、寝て一畳」よりやや広い、合理的な空間だったのである。夏は涼しく、冬は暖かい。「これぞまさに人間の巣だ」と思えるほど、小さいながらも快適な住まいだった。

衝撃を受けたぼくは、彼らの生活ぶりを一冊の本(『TOKYO 0円《ゼロ》ハウス 0円《ゼロ》生活』/二〇〇八年)にまとめた。

しかし、彼らの住まいに問題がないわけではない。国有地に建てられているので、現在の法律では「不法占拠」ということになってしまう。

そう考えると、現代の都市にはお金のない人たちが住む土地は残されていないように見える。そのことに気づいたとき、ぼくの中にさらなる疑問が湧いてきた。

はたして人間は土地を所有なんかしていいのだろうか?

いったい誰がそんなことを許可したのか。東京には地下鉄が走りまくっているが、地下の土地なんてどうやって所有できるというのだろう。地上は地上で、地下は地下で、それぞれ売買されているのだろうか。何だかよくわからない。

さらには水だってなぜ所有できるのかわからなくなってきた。

水は誰かがつくったものではない。自然にあるものである。ならば、それを管理して、お金を払わないと飲ませないということは、逆に水を独占していると考えられはしないか。

しかし、そんなことを疑問に思う人は少ないみたいで、むしろ逆に「税金を払っていない人間は公園の水を飲むな！」なんてことを言い出す人までいる。

「人類みな平等」なんてことが言いたいわけではない。ただ、本来所有できないはずの土地や水が誰かの手で管理されており、それらを使わせてもらうために一生働き続けなければならない、という今のぼくらの生活は、ちょっとおかしいのではないかと思う。


逆に、小さくてもいいから、自分の住まいがタダで持てるようになったら、どんな社会になるだろう？　それまで高い家賃や住宅ローンを払いつづけるために生きてきたぼくらは、どんなことを始めるだろう？　そう考えるとワクワクしてしまうのだ。そのときこそ、ぼくらは初めて、自分がこの世界で生きている意味を実感するのではないか。


何もシステムや法律を変えろと言うつもりはない。

ぼくらの抱いている「家」「仕事」「生活」についての先入観を一つずつ疑っていくこと。

ぼくらひとりひとりの思考を転換させ、新たなる視点を加えること。

それが本書の狙いである。

まずは想像してみてほしい。

所持金なし、宿もなし、仲間も家族もなし。きみは、そんな状態で東京のド真ん中に突っ立っている。そうだな、タイムマシンで連れてこられた原始人みたいなものだ。

用意はいいだろうか？

では、さっそく始めてみよう。

1

衣服と食事を確保する

無職・無一文のきみ

現在、きみは無職・無一文で、都会のド真ん中に立っている。着の身着のままで、何も持っていない。しかし、周りの人々はきみに気づかず、忙しそうに通りすぎていく。まるで同じ空間にいながら、他の人々とはまったく違う階層《レイヤー》にいるようだ。想像するだけで恐ろしくなるかもしれない。

だが、なぜ恐ろしいと感じるのだろう。それは、現代の日本では「お金や仕事がないと生きていけない」ということになっているからだ。着る服も、住まいも、食事も、食後に観るテレビも、入浴も、職場までの移動も、すべてにお金がかかる。それがあたりまえとなっている。

しかし、本当にそれは自然なことなのだろうか。路地にいる野良猫や、カラスや、ネズミや、チョウチョの姿を見るたびに、ぼくはそう思う。彼らは当然ながらお金を持っていない。自力で歩きながら、または飛び回りながら、エサを見つけ、それを食べ、また歩きはじめ、飛びはじめ、雨宿りができそうなシェルターを見つけ、そこで寝る。つまり、彼らは、地球上にただあるものだけで生きているのだ。もちろん餓死する野良猫だっているだろうが、しかし種全体としては絶滅せず今日まで生き延びている。

人間と動物を比べるなんてナンセンスだときみは言うかもしれない。なぜなら、かつてのぼくもそう思っていた。人間とは労働をして、対価を得て、商品と交換して、生活をする生物なのだと、それ以外の道はないのだとずっと思い込んできた。

しかも、お金がないと生きていけないと思い込みながら、そのお金についてもただ漫然とした考えで生きてしまっていた。お金が必要だと言いながら、「最低限、いくら稼げば生活は成り立つのか？」「その稼ぎを得るためには、どれぐらいの労働量をこなせばいいのか？」を実際にきちんと考えてみたことはなかった。

しかし、きみは今、無職・無一文なのだ。

これを機に、すべてをゼロから発想してみよう。ゼロから「自分が生きるために、何がどれくらい必要なのか？」を考えてみよう。

たとえば、お風呂に入るたびにどれだけの水を使っているのか？　蛇口から出るお湯はどこからやってくるのか？　なぜ空気と同じで自然のものであるはずの水が管理されていて、ぼくらは自由に飲むことができないのか？

面白いことに、そうした視点で生活を見直してみると、説明のつかない事柄がわんさか出てくる。今まで自分が何も考えずに黙ってお金を払う生活を続けていたことに、愕然《がくぜん》とさせられる。

つまり、ぼくたちは明細を見ないまま小切手にサインするセレブのようなものだったのだ。供給する側にとって、これほどのＶＩＰもいないだろう。水道代も、電気代も、家の建築費も、税金も、「なぜその金額なのか？」という理由は聞かずに、ただ黙ってお金を払いつづけてくれるのだから。

しかし、そんな生活は今日で終わりだ。

誤解しないでほしいのだが、ぼくは、そちらのほうが「地球に優しい」とか、「環境に優しい」といった主張がしたいわけではない。ただ、「自分が生きるために必要な最低限のエネルギー量」を理解すれば、世の中の捉え方がきっと変わってくると思うのだ。それは、きみが一匹の動物としての視点を獲得するということでもある。

衣服は日々実る

つい前置きが長くなった。今、きみは無職・無一文なのだ。ゆっくりしていても腹が減るだけなので、話を先へと進める。

まず必要なものは何かを考えてみよう。

よく「衣・食・住」と言われるが、中でももっとも大切なのは、衣服だ。

衣服の役割は、皮膚の保護や体温調節といった保健衛生面だけにかぎらない。そもそも素っ裸で都会を歩けば、警察に捕まってしまうだろう。衣服は、都市で暮らすための社会的最重要アイテムなのだ。しかし、所持金は0円。いきなりピンチか？

いや、まったく心配はない。ぼくは、原始時代も現代も、都市でも辺境でも、人間の営みにそれほど違いはないと考えている。大昔、人は植物を干して編んだり、狩猟した動物の毛皮をなめしたりして衣服をつくっていたわけだが、現代の都市でもそのような大地の恵みにあたるもの、すなわち〈都市の幸《さち》〉を利用すればよい。

きみがもっとも手軽に採集できる〈都市の幸〉とは、ずばり、「ゴミ」である。

ぼくが話を聞かせてもらった路上生活者の人たちは、みんなたくさんの衣服を持っていた。ほとんどが拾った衣服だという。まだまだ着られる服が、大量に捨ててあるのだ。衣服は流行品のため、飽きたら捨てられてしまうからだ。

燃えるゴミの日に街を歩けば、いくらでも見つけることができるだろう。近頃はゴミの分別が細かくなり、衣服だけで処分するように決められている地域すらある。そこに行けば、まるでデパートのバーゲン売り場のごとしだ。各自、自分の趣味に合った、お気に入りの服を見つけてほしい。

その他、都内では、「週に二、三回、お祈りをする」といった条件付きではあるが、いくつかの教会で衣服をタダで手に入れることができる。南千住《みなみせんじゅ》の玉姫公園では、週に二回、午前代々木公園でも、定期的に服が手に入る。一一時頃から洋服をタダで配布している。まるで、次から次へと自生してくる木の実のようだ。現代では、驚くべきことに、衣服が街のあちこちで定期的に実るのである。流行というものがなくなることがない以上、都市では半永久的にタダで衣服が手に入る。これを〈都市の幸〉と呼ばずして何と呼ぼう。

さらに、衣服は古着屋に売ることもできるので、多めに採集しておけば何かと便利なのだが、すべてをゼロから始めようとしているきみは、まだ経済活動に参加する必要はない。やれるところまですべて0円でやってみせるのだ。ここでは自分の必要な分だけを拾うようにしよう。当面は上下二着ずつもあれば十分だ。

洋服は着たものの、都市ではアスファルトが地表を覆っており、裸足で歩けば足の裏が傷んでしまう。そこで靴も必要になってくる。そして、靴も当然、燃えるゴミの中に入っている。ぼくは路上生活者と話しながら彼らの足元をよく見ていたが、みんなとても新しい靴を履いていた。服と同じように、靴もたくさん実っているのだ。

それでも見つからない場合は、やはり教会でもらうことができる。路上生活者の話によると、衣服は週に二、三回もらえるが、靴の場合は一ヵ月ほど教会に通ったあとでしかもらえないそうだ。しかし、一ヵ月間通いさえすれば、獲得できる可能性は一〇〇パーセントだという。

こういうことが言えると思う。

無職・無一文のきみにとって衣服は必須アイテムだが、他の人々にとっては流行が去れば無用の品でしかない。

ぼくは、一〇年ほど前にサンタナというミュージシャンにはまったのだが、当時、彼のレコードがまさにそういう状態だった。サンタナのレコードはとにかく安くて、ほとんどが一〇〇円以下、たまに三〇〇円、ひどいときには一〇〇円コーナーに置かれていた。当時のぼくにとってはそれが一番ほしいものだったから、いきなり金鉱を掘り当てたような不思議な気分になった。

「他人のほしがらないものが、きみの一番ほしいもの」

こういう状態になると、じつに効率よく質の高いものを獲得することができる。

そして、あたりまえのことだが、他人のほしがらない究極のものこそが、「ゴミ」なのだ。最初にまず、このことを押さえてほしい。

食べ物に困ることはない

とりあえず洋服一セットと靴を手に入れた今のきみは、どんな感じだろうか。採集してきた服はどれも新しく、きれいなものだ。これで街行く人々とも何ら変わりがなく見えるようになったはず。服さえ着ていれば、無職でも、無一文でも、家がなくても、警察に捕まることはない。普通に街を歩くことができる。財布の中にまったくお金がなくても、誰からも怪しまれることはない。

衣服を探し歩いたので少し喉《のど》が渇いたかもしれない。お腹のほうはどうだろう？そう、「衣」の次はやはり「食」だ。

無職・無一文になったときに一番困るのは「食事」だとぼくは思っていたのだが、驚くべきことに、路上生活者と話していて一度も食べ物に困った話を聞いたことがない。つまり、結論から言ってしまえば、現代の日本では、お金がなくても食べ物は入手できる。

東京都にかぎれば、みんな口を揃えて言うのが、「とりあえず台東区へ向かえ」というセリフだ。以下は、台東区内の隅田川沿いに住むササキさんの証言である。

「台東区だけは毎日炊き出しがあるの。だから、食べ物に関しては永遠に困ることがない。今はもう自分の生業を見つけて稼ぐようになったから、通ってないけどね。やっぱり食事は自分でつくったほうがおいしいし。でも、路上生活初心者の頃は本当に助かったよ。台東区サマサマです」

何ともすばらしい話ではないか。今回は特別に、ササキさんが通っていた当時の台東区周辺の炊き出しスケジュール（24ページ表）を教えてもらった。

台東区周辺の炊き出しスケジュール

	AM7:00	AM11:00	PM12:00	PM2:00
月	SSS おにぎり2個 味噌汁			
火	SSS おにぎり2個 味噌汁			上野公園 キムチぶっかけ丼
水	SSS おにぎり2個 味噌汁	千住新橋教会 キムチ玉子丼		隅田公園 パン
木	SSS おにぎり2個 味噌汁			吾妻橋 おにぎり2個
金	SSS おにぎり2個 味噌汁			上野公園 ご飯、味噌汁 玉子、ハム
土	SSS おにぎり2個 味噌汁	白鬚橋 カレーライス		上野公園 パン、おにぎり カレーライス
日			駒形公園 和風まぜご飯	隅田公園 キムチうどん ゆで玉子

※「ＳＳＳ」については p.31 参照

（2003年当時）

これでわかってくれただろうか。レベルゼロのきみも心配することはない。生きる技術なんか何一つなくても、とりあえず「衣」と「食」は〈都市の幸〉として毎日都市に実っている。

もちろん、ここでは支援団体の存在が前提になっている。ただ、「突然、無職・無一文になってもぜったいに死ぬことはない」という事実は、きみにとって、とても心強いことではないだろうか。

さらに言うと、ぼくが話を聞かせてもらった人たちは全員、最終的には炊き出しに並ぶことをやめている。

「炊き出しに頼ると、自分で努力しようという気持ちがなくなってしまう。そこが落とし穴なんだ。自分で何とかしようと思ったほうがしっかり稼げるし、おいしい飯にありつけるんだよ。不思議なものだけどね」とのことだ。

彼らはみんな、炊き出し生活に安住せず、自力で狩猟採集生活を始めている。炊き出しをもらえればよいと思う人もいるかもしれないが、それだけに満足せず、自分自身の力で誰にもどこにも属さずに生きようとしている人たちがいるのだ。〈都市の幸〉を駆使しながら、創造力を限界まで使い、自力で生きようとする彼らの生活を、「都市型狩猟採集生活」と名づけてみたい。

そして、言わば都市型狩猟採集民とでも呼ぶべき彼らには、次章以降、さまざまなことを教えてもらう予定である。

酒、煙草、シャワーで疲れを癒やす

食事の心配も解消されたきみは、さらにぜいたくな欲が出てきて、食事中にお酒が飲みたいなぁ、なんてこともついつい思ってしまうかもしれない。ただ、さすがにお酒はタダでは配ってなさそうだ……が、取材をしていくうちに、なんとお酒もタダで手に入ることがわかってしまった。まだ中身の入っている酒ビンが、不燃ゴミの日に捨てられていることがあるのだ。

たとえば引っ越しなどの際に、飲み残しの酒をまとめて捨てる人がいる。これを覚えておけば、ワインやウィスキーなどをタダで手に入れることができる（さすがにキンキンに冷えたビールというわけにはいかないが）。ワイン一ダースを拾ったという強者もいる。

また、こんな話を隅田川に住むアオちゃんから聞いた。浅草・浅草寺近くの酒屋ではワンカップ大関（定価二二〇円）が六〇円で買える自動販売機があるというのだ。

その自動販売機は、酒屋の横によく設置されている普通のタイプのもの。しかし、三つほどあるワンカップ大関のボタンのうち、ある一つが、六〇円を入れただけでピカッと光るというのだ。光るということは、購入可能な金額が投入されたことを意味する。そこで、ボタンを押してみた。すると本当にワンカップ大関が出てきたというから驚きである。

なぜそんなことが起こるのか？　後日、アオちゃんが酒屋に質問したところ、そこで売られているのは賞味期限切れのワンカップ大関だったとのこと。つまり、それは店側の設定ミスではなく、お金を持っていない酒好きのために配慮してくれた親切だったのだ。

都市の裏側には、こんな好意も隠されているのだ。

都市を、どこもかしこもきれいに整備されてしまった空間、などと考えてはいけない。そりゃ表面的には、人も心も街も冷たくなってしまったように見える。ところがどっこい、中身はちょっと違うのだ。だからこそ、自動販売機を見たときに、「これはただの自動販売機じゃないかもしれない」と直感することが重要になってくる。

その直感のことを、ぼくは「都市に対して高解像度の視点を持っている状態」と言い換えたい。

通常の感覚では見過ごしてしまうような微細なものを発見するには、この解像度の高い視点が重要である。きみがいるのは、これまでのような「何でもほしいものがお店に置いてあり、お金さえあれば手に入る」という世界ではない。頭脳をフル活用する必要があるのだ。そうすれば、都市にあるすべての要素が、きみの生活を潤わせるための自然素材となりえるだろう。

高い解像度の視点で都市を眺めれば、これまで見向きもしなかったようなものが、自分にとって意味のある〈都市の幸〉として浮かび上がってくるのである。


酒が手に入るのなら、当然、タバコだって手に入る。

シケモクではない。シケモクが一番うまいなんていう猛者もいるが、感染症にかかる恐れもあるので初心者にはおすすめしない。

ちゃんと新品を獲得できる場所があるのだ。パチンコ屋である。

パチンコ屋ではタバコを吸う人が多い。そして、台にタバコの箱を忘れたまま帰ってしまう人がけっこういるので、新品のタバコが大量に捨てられる。新宿中央公園で暮らす佐藤さんは、パチンコ屋で毎週ゴミ袋に入れられて捨てられる新品の煙草を拾ってきては、友人にあげたりしていたという。

ライターも、タバコと同じ理由でよく捨ててある。

タバコを吸いたくなったらぜひ、パチンコ屋に実る〈都市の幸〉をチェックしてみよう。

シケモクといえば、JR大久保駅そばにいる仙人、サカイさんは、拾った細長いアルミパイプを使ってキセルをつくっていた。

パイプはすぐに熱くなるので、布ロープをぐるぐると巻き付けて、そこを持ち手にする。彼には「タバコはシケモクのほうがうまい」というこだわりがあるそうで、ぼくの渡したハイライトを地面に置き、数時間天日干しにしてから吸っていた。これぞ、「他人のほしがらないものを自分の一番ほしいものとする」好例である。

お酒を飲みながらご飯を食べて、食後の一服もしたきみが望むことは、やはりお風呂ではないだろうか。

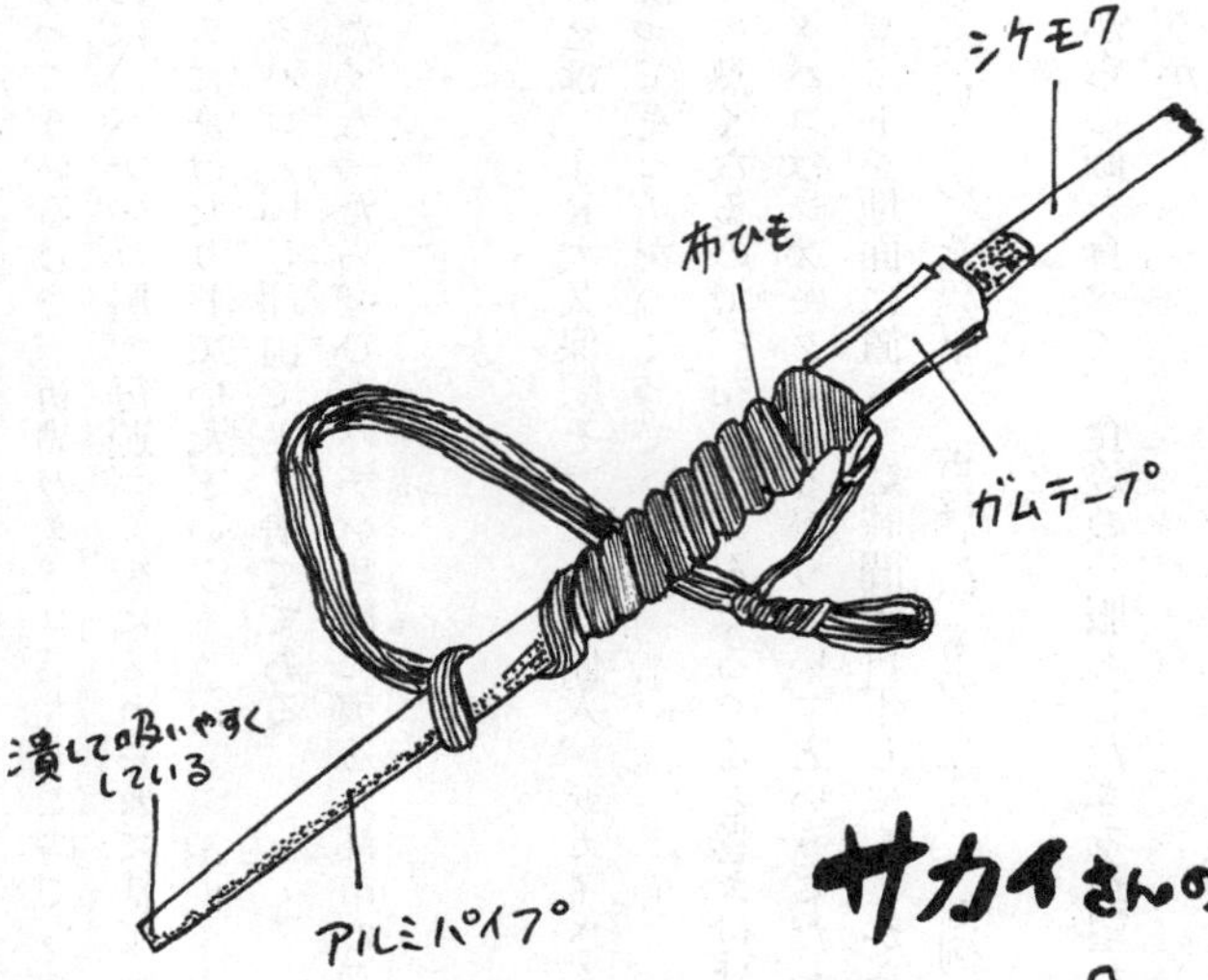

サカイさんの自家製キセル

そして、これまた心配無用である。浴槽には入れないが、シャワーならタダで浴びることができる。場所は台東区にあるエス．エス．エス．（ＳＳＳ）という施設だ。さらに通称・クロチャン教会でも風呂をタダで借りることができる。

エス．エス．エス．というのは、ＮＰＯ法人で、路上生活者向けの簡易宿泊施設である。路上生活者たちが住民登録をし、生活保護の給付を受けるための施設なのだが、路上の達人たちは、どうもここに入りたがらない。理由を聞くと、生活保護を申請してくれるところまではいいのだが、そこからほとんどのお金（一四万円弱の給付金のうち、約一〇万円ほど）が必要経費として天引きされてしまうというのだ。住む場所さえ確保されればいいという人もいるかもしれないが、ぼくが話を聞いた人々は、それなら自分たちで稼ぐほうがましだと言っている。きみたちも、独立した生活を手に入れることが目的である以上、くれぐれも入所してしまわないように。ただし、シャワーだけは誰でも利用することができるので、使わせてもらうことにしよう。

またシャワーにこだわらなくても、公園の水を使って身体を洗うこともできる。真冬以外なら、それで十分だろう。

中には、カセットコンロを拾ってきて、冷たい水道水を沸かしてから熱湯で身体を洗っている人もいる。お金を稼ぎ、カセットガスが買えるような段階になってきたならば、ぜひ試してみよう。カセットコンロは意外と簡単に手に入る。不燃ゴミの日にも見つかるが、一番手に入りやすいのは居酒屋が何軒も入居しているようなビルのゴミ置き場である。居酒屋では客のテーブル用にカセットコンロをよく使う。客商売なので、着火しにくくなったものはすぐに捨ててしまうからだ。

ちなみに、そんなビルのゴミ置き場は、カセットコンロだけでなく、前の日に余った食材も手に入りやすく、〈都市の幸〉の豊かな場所となっている。

この世は、見方さえ変えれば、0円で、食事どころか、嗜好品、シャワーまで手に入るような場所なのである。

ここまでくると、きみはもうこの生活がやめられなくなっているかもしれない。

次章からは、「与えられるものでまかなう方法」のさらに一歩先、「自分の力で独自の暮らしを成立させる方法」に入っていく。

その前に、拾ってきたばかりのお酒で乾杯をしよう。

2　寝床を確保し、パーティを組む

ここまで読んできたきみは完全に理解したと思う。

現代の都市で、人が野垂れ死にすることは、事実上ありえない。仕事がなくても、住むところがなくても、お金がなくても、恋人がいなくても（?）、生きる気力そのものがなくなったとしても、それだけで死ぬことはない。

つまり、ぜいたくをせず、少量の食事だけで満足できるようになれば、この日本では働かずとも十分に生きていくことができるのである。仕事がなくなっても、借金だらけになったとしても、すべてを投げ捨てて裸一貫で暮らせば、何も問題なく生活しつづけることができるのだ。

世間体などというくだらない常識を一度横に置けば、都市の新しい姿が立ち上がってくる。きみはそこで暮らす。現実的に考えてみる価値はあるはずだ。

というわけで、次に「住」について考えてみよう。

さすがにタダで住める家はない。となれば基本は野宿となる。しかし、不安に思うことはない。ここでもまた、ゼロから考えるのだ。最低限必要なものから考えていこう。

まずは場所が必要だ。

ぼくは最初、「明るくて人通りの多い場所なら安全なのでは？」と考えていたのだが、取材を進めていくうちにそれは間違いだと気づかされた。

路上生活者によれば、そういう場所は居心地が悪いという。落ち着いて眠ることができず、他者から攻撃される心配もあるからだ。

結論としては、静かな場所を選んだほうがよい。具体的には公園などの公共施設、川が近くに流れていれば河川敷、橋や高架があればその下などが狙い目だ。

そして、ここで必要になるアイテムが、ダンボールである。

ダンボールハウスのつくり方

ダンボールは都市型狩猟採集生活において一番身近で、一番用途の多い、すばらしい資源だ。しかも、入手も簡単である。

まずはそこら辺に転がっているダンボールを数枚拾ってみよう。地域によって分別方法は異なるが、資源ゴミ、燃えるゴミの日にはゴミ置き場で手に入る。問屋や工場などにもよく捨てられている。そもそも、そんな特定の場所を探さなくても、周りを見渡せばどこでも見つけられるだろう。


ではダンボールハウスをつくってみよう。

ここで大事なことがある。もしもきみが一日中ダンボールを敷いて寝転がっていたら、すぐに警察や警備員から撤去を命じられてしまう。しかし、きみはきちんと眠る必要がある。ではどうするか？　答えは簡単だ。夜の間だけダンボールで寝床をつくればよいのだ。

必要なダンボールの枚数は、季節によって変化する。

春・夏は、一、二枚を地面に敷き、その上に寝るだけで十分だ。ダンボールは柔らかい上に保温性に富んでいるので、完璧な寝具の役割も兼ねる。

秋・冬ともなると、ダンボールの上に寝転がるだけでは寒い。そこで「壁」をつくる必要がある。必要なダンボールの枚数は五、六枚ぐらい。それぞれのダンボールをつなぐ紐《ひも》が必要だが、近くに落ちている紐状のものなら何でもいい。ダンボールに小さな穴を開けて紐で縛ってみよう。

カッターナイフも接着剤もいらない。ダンボールを敷き詰めるだけで簡易寝床の完成である。

ダンボールの上部を閉じて自分の寝姿を隠すことも可能だが、それはあまりお勧めしない。なぜなら、人は姿の見えない対象のほうが攻撃しやすいからだ。

ここでぼくが言っているのは、いわゆる「ホームレス狩り」問題のことだ。どんなに想像力が乏しい人間でも、相手の身体が見えていると危害を加えることに躊躇《ちゅうちょ》する。安全確保のためにも、自分の身体を少しは見える状態にしておいたほうがいい。

さらにダンボールハウスで重要なのは、風を通さないようにすること。風さえ通さなければ、ダンボールは人の体温によってどんどん温かくなる。

隅田川に住む鈴木さんは熱弁する。

「ダンボールで箱をつくって、風を遮《さえぎ》っちゃえば、真冬でも毛布はいらない。汗をかいてしまって大変だよ。ダンボールハウスといっても馬鹿にできない。中には完璧なダンボールハウスを自作して生活している人もいるからね。もう何年も前から上野駅

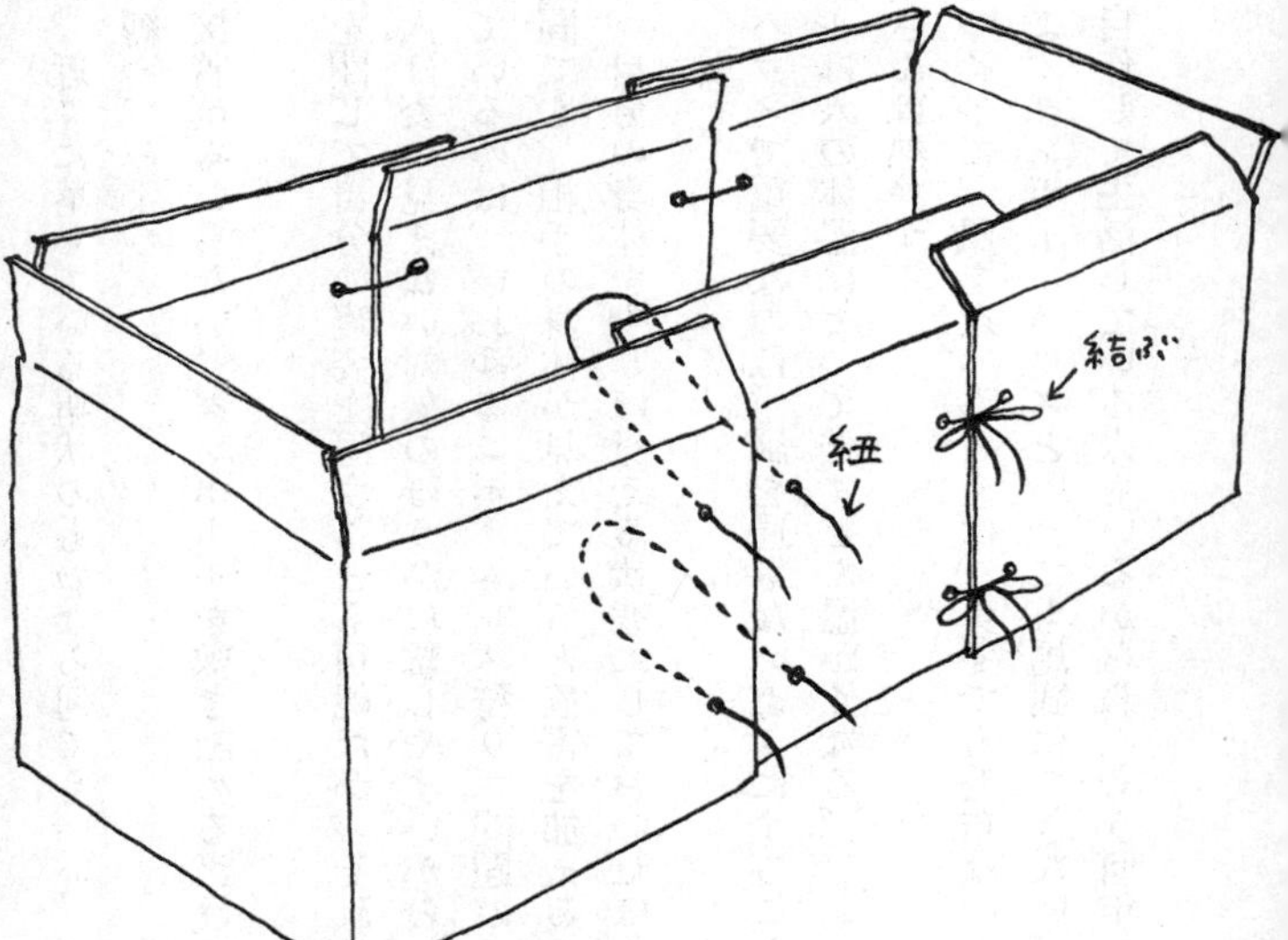
紐
結ぶ

近くにあるんだけど、あんなに美しいダンボールハウスは見たことがないよ。ずっと同じダンボールを使っているみたいだし。まさにザ・ベスト・オブ・ダンボールハウスだね、あそこは」

何年も同じダンボールを使った、完璧なダンボールハウス。そんなものがあるのなら、ぜひ見てみたいではないか。

話を聞いたぼくは、さっそく上野駅へと向かってみた。

ザ・ベスト・オブ・ダンボールハウス

上野駅から北上野方面へ少し歩き、路地に入ると、シャッターの閉まっている倉庫みたいな場所がある。地面からコンクリートの階段が三段ほどあり、そこが高床のようになっている。ちょうど短く軒先が飛び出ており、雨宿りもできる。普通に歩いていると見逃してしまいそうだが、その高床になったコンクリートの上にちょこんとダンボールが載っている。

完全な長方形をしており、どこにも隙間がない。とても中に人が寝ているとは思えない。

しかし、鈴木さんに教えてもらった場所に間違いない。おそるおそる外側から声をかけてみた。

「すいませーん」

「はい」という声が箱の中から聞こえてきた。

しばらくしてダンボールハウスが変形を始めた。

中から手が出てきて、上に載っているダンボールを横にずらし、畳んでいく。蓋が開くと、ひとりの男性が起き上がってきた。

「どうしました?」

「よくできたダンボールハウスですね」

「いやあ、適当だよ」

男性は長袖のシャツ一枚にベージュのズボンを穿いているだけ。防寒具をしっかり着込んでいるぼくとは対照的なまでの薄着である。夜はかなり冷え込むというのに大丈夫なのだろうか。

「毛布? 今の季節はいらないよ。必要なのは年明けて一番寒くなった頃ぐらいかな」

はい

季節には簡単に壁を取っ払うこともできる。


「毛布はどこで手に入れるんですか？」

「その頃になると、どこにでも落ちているよ」

なんとダンボールハウスならほとんど一年中、寝具なしで過ごせるらしい。

広い空間だと室内の空気はどうしても冷えるが、人体と同じ大きさぐらいのダンボールハウスでは、ダンボールそのものの保温性が最大限に発揮される。しかも、暑い季節には簡単に壁を取っ払うこともできる。


ダンボールハウスの機能性に比べると、必死に壁をつくり、間に断熱材を入れて、さらに暖房器具を使って暖をとる現代の住宅が、あまりにも鈍重なものに思えてくる。

そもそも現代の家は大きすぎるんじゃないか。もう少し人体との関係を見直せば、本当に必要な空間の大きさを導き出すことができるんじゃないだろうか。それに壁で頑丈に囲われた空間なんて、人間には必要ないのかもしれないのだ。

この家は、たった四枚のダンボールで構成されていた。鈴木さんの話では「何年も同じダンボールを使っている」とのことだったが、実際は頻繁に取り替えているという。ダンボールなんてどこにでも落ちているから、拾う苦労もない。同じくらいの大きさのダンボールが四枚ありさえすればいいのだ。屋根の部分は雨が降れば濡れてしまうが、そのときにはまた新しいダンボールを拾えばいい。

まるで髪の毛や爪のように、同形だが永遠に生まれ変わっていくという、実にコンセプチュアルな住まいではないか。


このダンボールハウスのつくり方を見てみよう。

まずは一枚のダンボールを板状にして床に敷く。そこに、二枚のダンボールをそれぞれ真ん中で切ってコの字型にし、それらを合体させて自分に合った長方形をつくる。そのときダンボールを少し重ね合わせて、風が入るのを防ぐ細工をする。これはあまり几帳面にやらなくてもいい。あとから人が寝れば、身体が重りとなって留め具代わりの役目をはたすからだ。ここではだいたい風が入らないようにすればいい。

箱ができあがれば、あとは上から入るだけ。男性の身長は一六〇センチ、ほぼぴったりのサイズにつくっていた。

そして寝転ぶ。枕は大きくても邪魔になるだけなので、マンガ雑誌でいい。マンガ雑誌なら寝床を畳んだあとで読むこともできるし、読みおわれば売ることもできる。ちなみにこの男性は厚めのレディコミ雑誌を枕にしていた。これなら夜のお供としての機能付きなので（？）申し分ない。

ザ・ベスト・オブ・ダンボールハウスの作り方

材料： 同型のダンボール箱 4ヶ

1\. 2\. 3\.

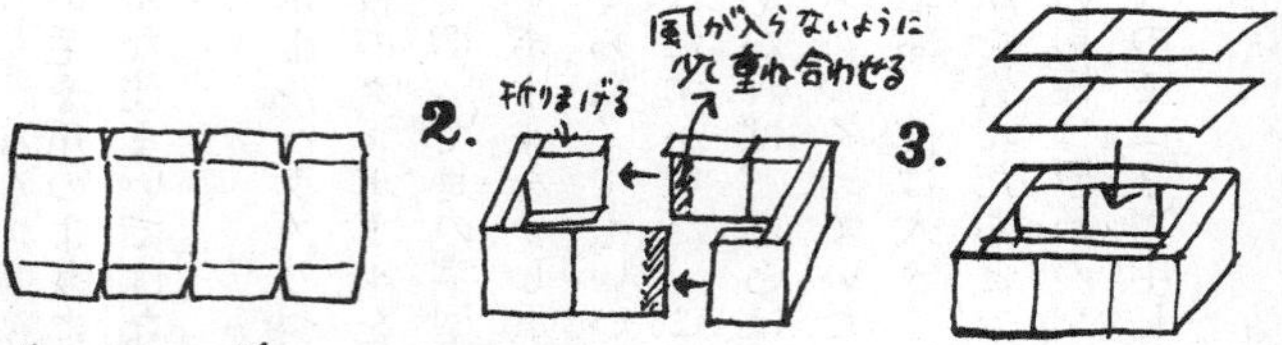

1\. ダンボール箱を破って広げる（4つとも）

2\. そのうちの2つをコの字型に折り曲げ、くっつける

3\. 残りの2つを1枚は床に敷き1枚は屋根にする

4\. 完成 ○ 屋根を完全に閉じれば、ただのダンボール箱にしか見えない
○ 全く風が入ってこないため 真冬以外は手ばなせない‥

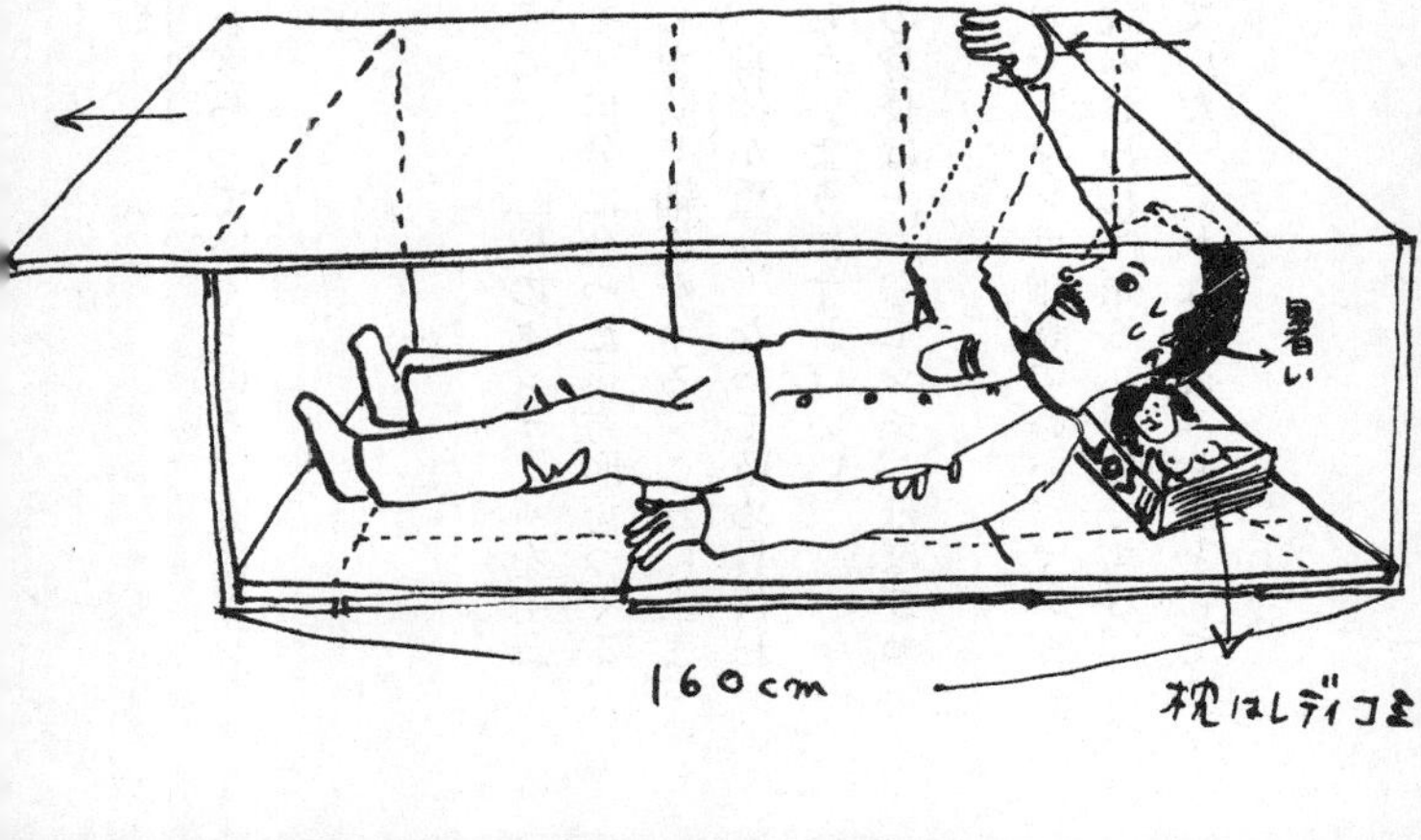

この男性は他に、小さなバッグを一つ持っているだけだった。ダンボールはすぐに拾えるので、持ち歩く必要はない。つまり、日中の彼はバッグ一つだけで行動する。それが彼の家財道具のすべてなのだ。

方丈庵をつくった鴨長明もびっくりの、最先端ミニマムライフである。

話を聞きおえたところで、彼は棺桶に入るように横になった。そして、右手だけを使って器用にダンボールをスライドさせ、屋根を閉じた。再び元の姿に戻ってしまえば、どこから見てもただのダンボール箱にしか見えない。

こんなに簡単につくれて、材料費も0円で、汗をかくほど暖かい住まいなんて他にないだろう。ぼくは世紀の大発明を目にしたような、高揚した気持ちになった。

住むための機能をすべて満たしており、軽量かつ効率的。これはまさに人間のための「巣」だ。ぼくらはやはり、人の住まいというものをもう一度根本から考え直してみる必要があるのではないか。

次のステージへ向かう前に

衣服、食事、住まい。必要最低限のアイテムはすべて揃った。

ぜいたくを言わなければ、これで毎日お金を一円も使わずに生活ができる。いや、むしろ、きみにとってここでの一個のおむすびは、ぜいたくに慣れた人にとってのフランス料理よりもおいしく感じることだろう。

最高の欠如は最高の至福をもたらす。

ぼくも路上生活者の家でインスタントコーヒーをいただいたとき、こんなにおいしいコーヒーがあるのか！　と感動してしまったぐらいだ。

さて、あとは何を望むか？

今まできみが過ごしてきた社会では、衣食住という「安心」を得ることが生活の目的だったかもしれないが、都市型狩猟採集生活においては、「安心」は最初から揃っている。

では、何が目的になるのだろうか。

ここからが本書の真のテーマとなる。

ぼくは本来、人間というものは、生活そのものからさまざまな刺激、興奮、感動を受け、偶然起きるとてつもない出来事を楽しむために生きているのだと考えている。

「どうすれば、この生活がもっと面白くなっていくのか？」

そのヒントを一緒に探していこう。

きみが住んでいる街のすぐ裏側に、ゾクゾクするような、信じられない世界が存在しているのだ。

パーティを組もう

朝、鳥の声できみは起きる。

ダンボールハウスで目覚めたきみは、今まで浴びたことがないほどまぶしい朝日を目にしていることだろう。鳥たちの鳴き声を聞きながら、「朝」を身体全体で感じよう。こうして新しい一日が始まる。

そのまま夜まで寝転がっているわけにもいかないので、まずはダンボールハウスをきちんと畳もう。そのまま持ち歩いてもいいが、邪魔なので、他人に迷惑をかけない場所に置いておく。そして、周りを見てみよう。気づいたことがあるはずだ。同じようにダンボールを畳んでいる人たちがいる！

そうだ、彼らもきみと同じように暮らす仲間たちだ。


アパートに住んでいたきみは隣人の顔を知らなかったかもしれないが、今日からの生活ではそうも言っていられない。ここでは思考停止状態で過ごすことは不可能だし、暗記すればオッケーな教科書も存在しない。他人との出会いを活かさないと、きみの生活の可能性はどんどん縮まってしまう。

ここに住むすべての人が、きみにとってのよき情報源である。彼らは全員、何らかの情報を持っている。ちょうどロールプレイングゲームで言うところの「まちの住人」といったところだろうか。

心配することはない。彼らがモンスターである可能性はとても低い。なぜなら、彼らもきみもお互いに奪い合うものを所持していないからだ。ノー・リスク、オンリー・リターン。どんどん話しかけてみよう。

そのうち、きみは気の合う人たちを見つけるだろう。彼らはきみにいろいろなことを教えてくれる。それを聞いているうちに、これから始まるであろう面白い生活が楽しみになってくるはずだ。

まるで太古の若者が、弓の使い方、罠《わな》のつくり方、食べられる植物の種類などを先人から習ったように、きみも教えを受けることで少しずつ体験を重ねていく。都市型狩猟採集生活ではお金よりも経験値のほうが重要なのだ。しかも素晴らしいことに、お金は使えばなくなってしまうが、経験値は一生減ることがない。先人の言うことに耳を傾けてみよう。

仲間をつくることは身を守ることにもつながる。ひとりで暮らすよりも、何人かで固まったほうが外部からの攻撃も防ぎやすくなる。また、たとえ自分が採集できないアイテムでも、別の誰かが拾ってくるようになり、やがて手に入らないものはなくなるだろう。

仲間を持つことは、一石二鳥にとどまらぬ、三鳥、四鳥の効果を運んでくるのだ。

人が集まる場所には、さらに人が集まる。誰にでも何か一つは得意なことや特徴があるはずだ。食材の入手方法を知っている人、料理が得意な人、電化製品の修理ができる人、絵を描くのがうまい人。こうして、さまざまな人間が集まる情報発信基地ができあがっていく。そのとき、きみは、人間という生き物が多様な技術を持った個の集合体であることを実感するだろう。

きみにだって何か得意なことがあるのではないか？　どんなことでもいい、自分が得意なことを周りのみんなのために使ってみよう。ここではギブ&テイクは通用しない。ギブ&ギブ&ギブしたほうがうまくいく。

おいしい食事のありか

河原で仲間たちと過ごすうちに、きみは炊き出しの食事では満足できなくなってくる。自分の好みの献立を食べる生活がしたくなる。さて、どうしよう。

まず、きみが思いつくのは、賞味期限切れのコンビニ弁当だろう。都市の至るところにコンビニはある。そこでは毎日、賞味期限の切れた弁当がどんどん捨てられている。ぼく自身、学生時代にはコンビニでアルバイトをしている友人に賞味期限切れの弁当をよくもらっていた。六〇〇円ぐらいする弁当がタダで食べられるのだ。賞味期限が一日ぐらい過ぎていても問題ない。

しかし、現在では大手のコンビニ業者は外部に渡らないように廃棄弁当を管理するようになったため、獲得が難しくなっている。そこで狙うのが、チェーン店ではないような個人営業のコンビニだ。そこでは、いまだに廃棄弁当を箱に入れて店前に置いているケースがある。ぜひ、お気に入りの個人営業コンビニを見つけよう。

弁当を処分するのは日付が変わる深夜零時過ぎである。まずは各店の処分方針を探ることが、おいしい食事を獲得する秘訣だ。

コンビニにかぎらず、深夜零時を過ぎると、食事を獲得できる可能性は一気に上がる。食堂の残りものをビニール袋に入れて玄関ノブに掛けてくれたり、寿司屋が酢飯を室外機の上に置いていてくれたり、パン屋で売れ残りのパンをくれたりとさまざまだ。隅田川の鈴木さんは、毎週、ある一般家庭の余った夕食を弁当箱に詰めてもらっているという。直接顔を合わせたことはないのだが、毎週決まって置いてくれるのだそうだ。とにかく高い解像度の視点を持って、街を歩き回り、自分なりの食事の獲得方法を身につけてみよう。

ここで一つ気をつけないといけないことがある。それは、採集の際に周囲をぜったいに散らかさないようにするということだ。

周囲を汚してしまうと、せっかく心ある店主が食事を提供してくれたにもかかわらず、その好意をアダで返すことになってしまう。ぼくの取材した人たちの中には、弁当をもらったあと、チリトリとホウキで周囲の掃除をしている人までいた。こうした行為の積み重ねが、さらにおいしい食事を届けてくれるのである。

きみはもう時給や月給で働かされる雇われの身ではない。生活のすべてが仕事である。一挙一動に神経を注ぎ込もう。

コンビニ弁当もいいけれど、もっと食材にこだわりたいという人はスーパーマーケットが狙い目だ。「無報酬でゴミ捨て場の掃除をやりますから、そのかわりに余った食材をください」と直談判してみよう。これで弁当や総菜はもちろん、野菜、果物、魚、肉を大量入手できる。ぼくが上野で取材したMさんは、この方法で毎日新鮮な食材を一〇人前以上もらってきては、みんなで分け合い、料理していた。

スーパーがなくならないかぎり、毎日食材は捨てられつづける。つまり、これは湧き水のようなものだ。湧き水なんて都市で見かけることはほとんどないが、そのかわりに余剰な肉や果物が毎日スーパーマーケットから湧き上がるのだ。

新宿中央公園の佐藤さんは、肉と魚は一切買わずに、居酒屋が集まっているテナントビルの廃棄食材から手に入れている。肉は塊《かたまり》で出てくるし、ブリが丸ごと一匹出ることもあるという。居酒屋の廃棄食材はかなりの大物が期待できるので、ぜひ交渉してみよう。

これらはきみにとって「ゴミ」ではない。木の実や果物のように、自然に自生しているものなのだ。スーパーに陳列されている商品のことは、あちら側の人たちに任せよう。まったく同じものなのに、スーパーの棚から降ろされた瞬間、それは〈都市の幸〉へと変貌を遂げるのだ。うまくやれば、毎日食べきれないほどの〈都市の幸〉を採集することができる。

自分で食べきったあと、余った食材はどうするか？　ダンボール箱に詰めて売ることだってできる。つまり、きみはこれでお金を稼ぐこともできるのだ。よくある有機野菜の宅配システムと同じ要領で、ダンボールに「本日のスーパーマーケットからの贈り物」なんて書いて、一箱一〇〇〇円と値段をつければ、飛ぶように売れていく。売る場所については次章でお伝えしよう。

路上には娯楽スポットもある

もうお腹がいっぱいになってはいないだろうか？　そろそろ身体を動かしたほうがいいかもしれない。動けば動くほど、きみは都市の多層性に気づくだろう。五感と頭脳をフル活用し、きみのDNAに刷り込まれた太古の記憶を呼び起こしてほしい。すでにきみは、都市に暮らすひとりの都市型狩猟採集民なのだから。

そんなきみは、次はちょっと遊んでみたいなどと思っているかもしれない。そう、路上には娯楽スポットも用意されている。

川崎駅から多摩川方面へ歩いていくと、六郷橋という橋が見えてくる。この橋のたもとに一軒の頑丈な家がある。ガラス窓が二つあるのが目印だ。見つかったら、中を覗いてみよう。男たちが集まって、なんと麻雀を打っているのが見える。

ここは路上の雀荘である。路上の人間だけでなく、一般の人々も集まってくる。照明はないので、日が暮れてしまったらおしまいだが、毎日、朝から誰かが必ず麻雀をしている。卓を囲みたい人は、ぜひここへ向かおう。きっと歓迎されるはずだ。
こんな場所が、まだ日本には残されているのである。

師匠を見つける

熟練した都市型狩猟採集民たちに話を聞くと、ある共通点が浮かび上がってくる。それは、みんな都市型狩猟採集生活を始めたばかりの頃に、「師匠」と呼ぶべき優秀な先人に出会い、たくさんの技術や知恵を授けてもらっているということだ。

これは、現代の人間が忘れかけていることの一つだろう。一部の職業を除けば、師匠の下で修業を積むような経験は滅びつつあるからだ。しかし、路上ではまだ死んでいない。ここには学校もなければ参考書もないが、人間同士が対面して技術を授ける文化がまだ残っている。

しかも、路上の師匠は、ただの師匠ではない。職人の世界と違い、ある特定の技術だけを授けてくれるのではないのだ。なぜなら、一つだけずば抜けた技術を持っていても、それだけで都市型狩猟採集生活がうまくいくとはかぎらないからだ。

技術はなるべくさまざまな種類のものを持っていたほうがいい。それぞれの技術が中途半端だとしても、問題ではない。あり合わせの技術を駆使して、あらゆる状況に対応できる知恵こそが重要なのだ。

特定技術の達人ではない師匠——そう考えると師匠よりは、むしろ「酋長」と言ったほうが近いのかもしれない。年少者が独り立ちするためにすべてを教えてくれる存在。都市の路上には、まだ酋長のような役割を持っている人間が存在しているのだ。

技術を極めることよりも、どんな状況であれ工夫をして切り抜けるひらめきのほうが路上では求められる。家をつくるにしても、ぜったいに壊れないものをつくるよりも、壊れてもつくり直せる方法を知っているほうが心強い。


「どういう生業でお金が稼げるのか？」

「食事はどこで手に入るのか？」

「どこに『家』を建てればいいのか？」

「警察や役所とはどういう関係を築けばいいのか？」

中には、このような情報を大量に持っている酋長がいる。

こうした酋長の下には、情報を求めてたくさんの人々が集まってくる。そして、その情報に助けられた人々が、感謝のしるしに新たなる情報を酋長に伝える。情報と人とが連鎖していった末に、酋長の周りには常時、人も酒も食事も山ほどあるという状態になる。そこは肯定的なエネルギーの溢れる磁場となり、情報や食材がエンドレスに回転しつづけることとなる。

こうなるともはや酋長自身は働く必要がない。情報が価値を生み出すからだ。まるでＩＴ長者のようじゃないか。

さあ、きみも酋長と出会い、知恵と技術を授けてもらおう。

そして、次はいよいよきみ自身が動く番だ。

3 生業を手にする

都市型狩猟採集生活は今までの生活と違い、日々変化しつづけていく。今までのように決められたルールに則って暮らすのではなく、思いついたことはどんどんと試し、きみ自身の手で生活を改良していく必要がある。そのことできみの持つ潜在能力はさらに輝きはじめる。それこそが、この生活で一番大切なことだ。

「0円で生きていくこと」は目的ではなく、ただの方法でしかない。0円で生きる方法が見つかったとき、そのやり方で「どう生きるか」が肝心なのだ。

もうどこかに勤めるのはよそう

新生活を始めたきみが、次に挑むべきテーマはこれだ。

「自分なりの仕事で稼ぎ、独立すること」

つまり、何にも属さず、きみだけの「生業《なりわい》」を見つけるということだ。

生業さえ見つければ、クビを恐れることはなくなる。誰からも命令されることなく、自分の頭と身体だけを使い、すべてを自分で決定する仕事。これこそが都市型狩猟採集生活に欠かせないものである。

そもそも、人間とは常にそうあるべきなのだ。大企業に入社したからといって、永遠の安定が保証されているわけではない。つまり、すべての人は独立して働いているはずなのである。それなのに最近は、「企業に就職できないと人生終わり」とでも言わんばかりだ。0円で、食事でも何でも手に入るというのに。


自分の生業を持つ路上の人々に取材してわかったのだが、彼らの一日の労働時間はとても少ない。

普通の会社員は毎日何時間ぐらい働くのだろうか。朝九時から一〇時ごろに出勤し、帰ってくるのは夜遅く。さらに、取引先との飲み会などにも出席しなくてはいけないとなると、お金も時間も使いはたしてしまうのではないか。

しかし、路上生活者たちは、朝五時から七時ごろに仕事を始め、正午過ぎには終了してしまう。そのあとの時間は、自分の好きなことに充《あ》てている。ずいぶんと充実した生活ではないだろうか。しかも、食事を三食とり、お酒も毎日飲んでいる。それで月収四万~五万円、人によっては二〇万~三〇万円稼ぐ強者もいる。

さらに言うと、会社員は家賃や光熱費なども支払わないといけない。それを給料から差し引いたら、ほとんどお金の残らない生活だ。だが、都市型狩猟採集生活では家賃も光熱費も払う必要がないので、稼いだ分のお金はすべて自分の好きなことに使うことができる。

〈都市の幸〉で稼ぐ

では、実際にどうやって稼げばいいのかを見ていこう。

まず何をするか。いたって簡単だ。ただ歩いてみればいい。とにかく歩く。そして街をよく見て、「ゴミ」をいくつか拾ってみる。やることはこれだけ。これが生業となる。

すでに述べたように、「ゴミ」は、都市型狩猟採集生活においては不要品ではない。ぼくらの生活を彩る〈都市の幸〉なのである。漁師やマタギが海の幸、山の幸を獲得してくるように、ぼくたちは〈都市の幸〉を採集し、それを利用して生活を築いていこう。

きみの周りではどんな〈都市の幸〉が拾えるだろうか。試しに街をよく観察してみよう。

すでに都市型狩猟採集生活のエキスパートである人たちも、最初は何も知らなかった。師匠に教わりつつ、どんな種類のものをどこに持っていけばお金に換えられるかを学んでいったのだ。

ここで大切なのは、一種類の〈都市の幸〉にこだわっていてはダメだということ。原則として売れないものなどないのだが、時期によって需要のあるものが変わるので、その流れをうまく見極め、適応していくことが大切である。視野が狭いと自分のクビを絞めてしまうことになるだろう。

海の幸も山の幸も毎年収穫できるが、〈都市の幸〉はもっとすごい。毎日毎日、都市の至るところで大量に発生するのだ。収穫できなくなるということは、永遠にない。また、海の幸や山の幸には産地偽装問題があるが、〈都市の幸〉にはそんなのどこ吹く風。まさに地産地消の極みだともいえる。

〈都市の幸〉で暮らす人たちの一日をつぶさに見ていくと、まるで都市そのものが彼らの「貯金」のように見えてくるから不思議だ。〈都市の幸〉を収穫すると、彼らは必要な分だけを生活の糧とし、余った分は売ってお金に換える。毎日がその日暮らしで、所持金が0円になってもまるで心配はない。明日になればまた〈都市の幸〉は実るのだから。

しかも、彼らの「貯金」は銀行に預ける必要もない。なぜなら誰も盗《と》らないし、もし盗られたとしても、翌日また収穫すればいい。こんなに安心な財産もないだろう。彼らは、都市に、永遠に尽きることのない莫大な口座残高を持っている感覚で生きているのである。

どんな生業があるのか

では、実際に都市型狩猟採集生活における「生業」にはどんなものがあるか、以下に紹介してみよう。

［アルミ缶拾い］

これは、テレビなどでたまに報道されているので知っている人も多いと思う。アルミ缶、つまりジュースやビールの空き缶を拾う（ただし、コーヒー缶は鉄製なので対象外）。自動販売機の横の空き缶箱から拾ってもよいし、資源ゴミや分別ができていない不燃ゴミの中から拾ってもよい。収集方法と収集場所はさまざまだ。

注意しなくてはいけないのは、アルミ缶拾いを禁止している自治体があるということ。ゴミとして捨てられたものなのに、リサイクルすればお金になるとわかったとたんに自治体は所有権を主張する。イラッとさせられるやり口ではあるが、お役所とは常にそういうものだ。

参考までに、東京都のアルミ缶拾いの許可状況を表にしておこう。

アルミ缶の値段は、二〇〇三年頃は一キログラム＝七〇円程度だったが、北京オリンピックの影響を受け、二〇〇八年八月から九月にかけて高騰。川崎市のある地区では一キログラム＝一九〇円にまでなった（つまり三倍近くに高騰した）。しかし、最近の世界経済の混乱を受け、レートは一キログラム五〇～六〇円まで急落。二〇一〇年一月では、少し上昇し、一キログラム九〇～一〇〇円となっている。

東京23区内でのアルミ缶拾い許可状況
2010

中央区	○	品川区	×（5万円以下の罰金※）
新宿区	○	文京区	×（20万円以下の罰金※）
台東区	○	江東区	×（20万円以下の罰金※）
渋谷区	○	大田区	×（20万円以下の罰金※）
中野区	○	世田谷区	×（20万円以下の罰金※）
荒川区	○	杉並区	×（20万円以下の罰金※）
板橋区	○	豊島区	×（20万円以下の罰金※）
千代田区	○	北区	×（20万円以下の罰金※）
江戸川区	○	練馬区	×（20万円以下の罰金※）
足立区	○（来年度から不許可になる予定）	葛飾区	×（20万円以下の罰金※）
墨田区	△（罰則なし）	港区	×（20万円以下の罰金※）
目黒区	△（警察に通報）	○：許可 ×：不許可 △：不許可だが罰則なし	

※即罰金ではなく、まずは禁止命令書が発行され、それを無視した場合のみ。

アルミ缶拾いのプロは一週間に一〇〇キログラム以上を獲得する。一キログラム一〇〇円のレートだと週に一万円ほどの収入なので、月収に換算すると四万〜五万円といったところだ。

隅田川の鈴木さんもアルミ缶拾いを生業にしている。価格暴落直後に彼のもとを訪ねると、やはり打撃を受けたようだった。しかし、鈴木さんは逆に、「以前よりもアルミ缶を収集しやすくなった」とも語ってくれた。なぜなら買取価格が下がったので、「割に合わない」とアルミ缶拾いをやめる人が続出したからだ。価格暴落後の鈴木さんのアルミ缶収穫量は、週に一〇〇キログラムから一五〇キログラムに増えた。つまりレートが落ちても、その分たくさん収穫することで稼ぎは安定したという。しかも「現在が最安値なので、ここから少しでも値が上がればまた面白くなってくる」と今後の抱負も聞かせてくれた。

自分の頭で考えて日々の生業を営んでいると、こういう大きな変化への対処に差が出てくる。鈴木さんは毎日「日経新聞」の購読を怠《おこた》らない。紙面でアルミや銅など金属類のレートを調べ、買取業者と値段の交渉をするのである。そうやって彼は、世界の経済情勢とも渡り合っているのだ。

このご時世に、アルミ缶拾いだけで月収一〇万円以上も稼ぐ猛者もいる。Yと名乗る彼は一ヵ月で一トン以上もアルミ缶を拾うという。

アルミ缶拾いは、ただゴミ置き場を回っているだけでは他のライバルたちと差がつかない。これでは早く拾った者が勝つだけの競争になってしまう。一ヵ月で一トン以上のアルミ缶を拾うことなどとうてい不可能である。では、Yさんはどうしているのか？

ずばり、捨てられる前のアルミ缶を獲得するのである。

具体的には、各家庭やマンションと直接交渉し、直取引をさせてもらう契約を結んでいる。あまり高級すぎるマンションだと、アルミ缶拾いに対して管理人が過剰反応してくるケースもあるので注意しよう。しかし経験を積めば、あまり高級すぎず、ボロすぎずの、ちょうどよいマンションがわかるようになってくる。

さらにラブホテルと契約を結べば、アルミ缶収穫量は劇的に増えるだろう。ラブホテルは競争率が高く、すでに誰かと契約済みである可能性も高いが、一度はアタックしてみる価値がある。

お願いをするときの秘訣は、正直に、誠心誠意、頼むことだ。「アルミ缶を自分にください」と丁寧に話すこと。断られることもあるかもしれないが、わかってくれる人は必ずいる。「捨てる神あれば拾う神あり」の精神で、ひるまずにどんどん交渉していこう。

アルミ缶拾いは他人よりも先に拾わないといけない生業なのに、達人たちの話を聞くと、みんなあまりガツガツしていないことに驚かされる。ようするに焦ってはダメなのだ。採集したあとは周囲を掃除するくらいの心の余裕が必要だ。そんなきみを見ている人がいる。それが次の顧客との出会いにつながるのである。自分は都市をきれいにしているんだ、ぐらいの心持ちでいるほうが結果的には収入アップにつながる。

ビールメーカーと飲料メーカーがつぶれないかぎり、アルミ缶という〈都市の幸〉は永遠に実りつづける。つまり、アルミ缶拾いは都市の中で、かなり確実な生業だとも言える。

［ガラもの拾い］

アルミ缶収集は競争率が高すぎるので、それ以外の金属、通称「ガラもの」を集めている人もいる。彼らが主に集めているのはアルミニウム、銅、真鍮《しんちゅう》などである。

そもそも金属は重量で買取価格が決まるので、重くて小さい金属を集めるのが一番効率的なはず。ところが、かさばるわりに重量の軽いアルミ缶拾いに人が集中するのは、アルミ缶が一種類の金属（アルミ）だけでつくられている製品だからだ。

たとえばこれがアルミ製フライパンだと、底には鉄製の円盤が取り付けられているし、取手の部分はプラスチック、柄の部分は鉄だったりする。これをそのまま業者に持っていっても買い取ってはもらえない。換金するには、解体して金属ごとに分別する必要があるからだ。そこで多くの人は「解体するのは面倒くさいからアルミ缶拾いにしよう」と考える。そのおかげで、ガラもの拾いは今も競争率の低い生業となっている。

しかし、解体作業に必要な道具（金槌、ノミ、ドライバーなど）はすべて路上で調達できるのだ。つまり、少し手間はかかるが、じっくりとした作業が得意な人は、アルミ缶よりもガラもの拾いのほうが向いているかもしれない。競争率も低いし、多種多様な重い金属を扱うので効率よく稼ぐことができる。

とくに、大きな家に住んでいる人の引っ越しなどは狙い目だ。さまざまな〈都市の幸〉の実る可能性が高い。多摩川の河川敷に住むホシさんは、真鍮製のシャワーの金具を拾い、それだけで一〇万円以上の値段がついたことがあるという。

多種類の金属を集めることは、多様な可能性を手にすることにつながる。都市型狩猟採集生活では一つの傾向に集中するのではなく、あらゆる可能性にトライする感覚が大切だ。アルミがダメでも真鍮がある、銅がある、と可能性の種子を貯め込んでいこう。

ガラもの拾いは、きみの解体スキルが上がれば上がるほど収入も増える。これがさらなる技術向上のモチベーションを高めてくれるだろう。

業者では鉄も買い取ってはくれるのだが、銅が一キログラム＝三〇〇～四〇〇円に対して、鉄は一キログラム＝二〇～三〇円にしかならない。重いし安いしということで、あまりおすすめはできない。それゆえガラもの拾いでは非鉄金属を中心に集めることになるわけだが、鉄を避けるために、磁石が必需品となる。そして、その磁石自体も、路上に必ず実っている。

大切なのは、他人が面倒だと思う仕事、少しだけ簡単ではない仕事を見つけること。これがガラもの拾いの秘訣である。

［貴金属拾い］

アルミ缶拾いも、ガラもの拾いも、量が勝負だ。たくさん拾えばたくさん稼げる。

しかし次に紹介する貴金属拾いは、それと正反対の方法にもかかわらず、さらに稼いでいる人たちの生業である。

興味深いことに、彼らは売れそうなアルミ缶やガラものを見つけても、「重いから」と言って持ち去らない。彼らが狙うのは、金、プラチナなどの貴金属や、時計、カメラ、香水、骨董品などの貴重品である。

プラチナの含有率が九〇パーセントあるものを「プラチナ九〇〇」、八〇パーセントあるものを「プラチナ八〇〇」という。二〇一〇年一月、隅田川在住の貴金属拾い名人であるササキさんが取引しているところでは、プラチナ九〇〇が一グラム三八〇〇円、プラチナ八〇〇が一グラム三四〇〇～三五〇〇円。金であれば、二四金が一グラム三四〇〇～三五〇〇円、一八金が一グラム二四〇〇円。アルミ缶が一キログラム＝九〇～一〇〇円ということを考えると、相当ワリのいいレートであることがわかる。

しかし、そんな貴金属が簡単に路上で拾えるものだろうか。

ぼくは取材者として、何度か貴金属拾いに同行させてもらったことがある。彼らは丁寧にゴミ袋を開け、一つ一つ中身を確認していく。アルミ缶と違い、貴金属はすぐに発見できるものではない。しかも小さいので、どこに隠れているのかもわかりにくい。彼らはゆっくりと財布の中や箱の中身をチェックしていく。

「財布の中に一万円札が入っていたこともあるからね。指輪なんかも財布の中に入れて捨てられているんだよ」とのこと。

それでもぼくは、とても貴金属が見つかるとは思えなかったのだが……。と、そのとき箱の中からジュエリーケースが出てきた。

「ピアスだねえ。これは真珠、これは金」

そこには捨てられた無数のピアスが入っていた。すべて売り物になるという。

そこへ彼の友人から電話がかかってきた。そう、彼らはプリペイド式の携帯電話を持っているのだ。その電話で売り先である業者と直接交渉をする。また、売り先を知らない路上生活者たちの拾った貴金属を代理で売ることもしているので、その依頼電話もかかってくる。携帯電話は貴金属拾い必需品なのである。

電話の相手は、同じく貴金属拾いを生業にしている男だった。

「ちぇっ、やつはまた二四金を拾ったらしい」と悔しがっている。現場に同行すると、首に二四金のネックレスをぶらさげた貴金属拾いの男がいた。その日だけで彼は金のネックレスを二本も拾ったそうだ――。

と、こんな具合である。彼らはとんでもない量の貴金属を拾っている。貴金属とい

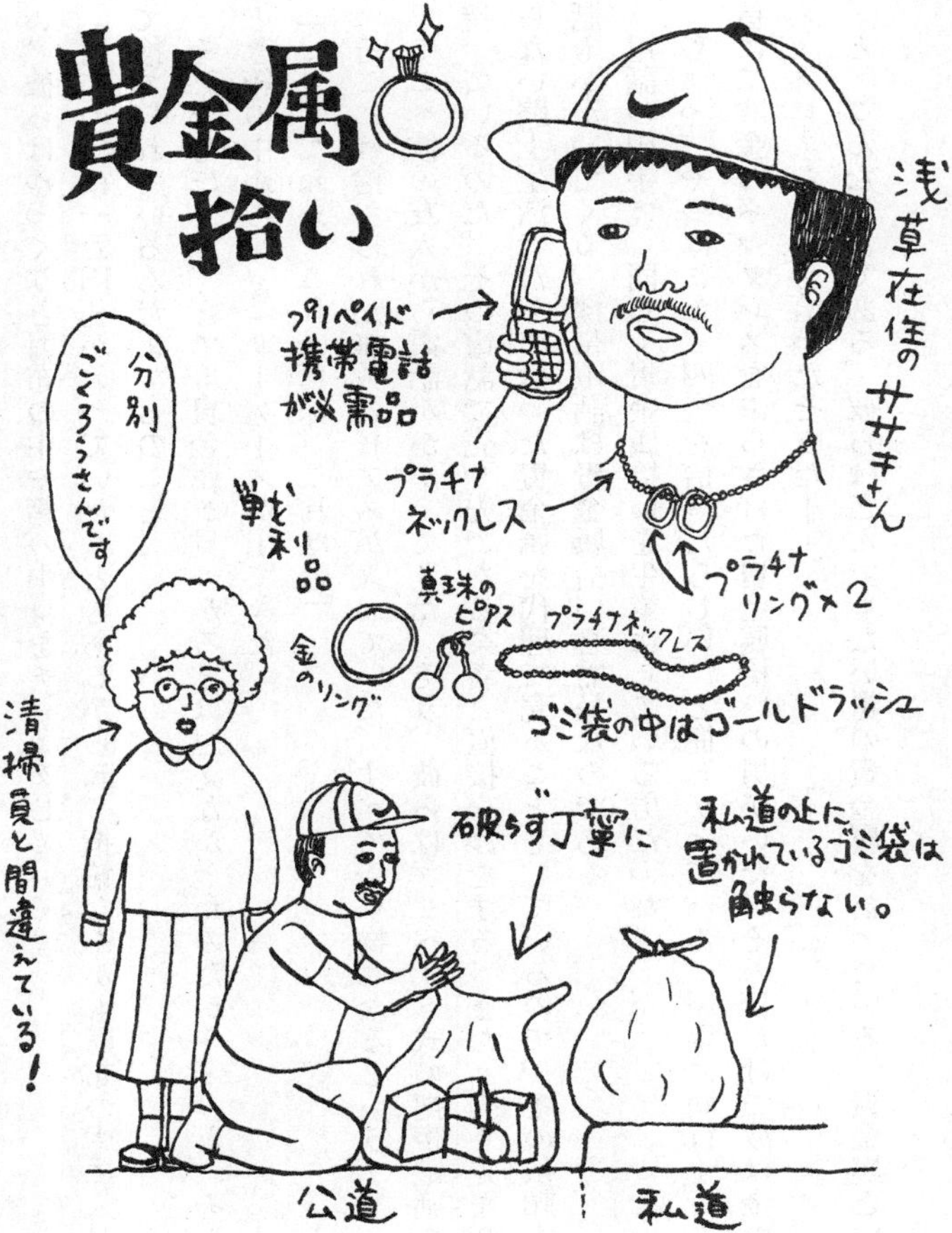
貴金属拾い
浅草在住のササキさん
プリペイド携帯電話が必需品
プラチナネックレス
プラチナリング×2
戦利品
真珠のピアス
金のリング
プラチナネックレス
ゴミ袋の中はゴールドラッシュ
分別ごくろうさんです
清掃員と間違えている!
破らず丁寧に
私道の上に置かれているゴミ袋は触らない。
公道
私道

う〈都市の幸〉もまた、ぼくらのすぐそばで日々実っているのだ。

貴金属拾いの達人たちは、たいてい現金ではなく貴金属で貯金をしている。

「家には今、プラチナが五グラムと、二四金が一四グラム。ブランド物の時計も九個。これらを全部売れば八万円ぐらいになるからね。何の心配もないよ」（貴金属拾い名人のササキさん）

彼らは、極めて小さいものを扱う生業なので、きちんとした身なりをしていれば、誰からも路上生活者だと思われない。月収はコンスタントに一〇万円を超える。これが最先端の生活のように見えるのはぼくだけだろうか。

「いく人は月に二〇万～三〇万円は稼ぐからね。東京は今、ゴールドラッシュだよ」

どうすれば、貴金属をうまく拾えるのか。達人の仕事ぶりを見てみよう。

まずは、どのゴミ袋に貴金属が入っているか狙いを定める。達人は生ゴミが入っているゴミ袋、持つと軽すぎるゴミ袋は、中を開けてみようともしない。不燃ゴミだけが入っていそうなゴミ袋、箱のようなものが入っているゴミ袋、持つと意外に重いゴミ袋などを選ぶ。そして、それらのゴミ袋を丁寧に開ける。ここで焦って袋を破ったりしてはいけない。とにかく落ち着いて、そこに貴金属があると信じて、一つの袋に集中して丁寧に探す。

高級マンションのゴミ置き場には貴金属が捨てられている可能性が高いが、管理人の警戒が強いので難しいという。大学生やOLが住んでいそうな、ほどほどのマンションョン。これが一番の狙い目になる。彼女たちは流行で買い物をするから、飽きたら高価なアクセサリーでも捨ててしまう。恋人と別れても捨てる。とにかく捨てる割合が高いのだ。このマンション選びの勘も、貴金属拾いには必須となる。

さらに、ただのゲン担ぎのようにも思えるが、ほとんどの達人がやっていたこととして、「自分自身もできるだけ貴金属を身につけておく」という教えがある。ササキさんは「光モノを身につけておかないとまったく拾えない」とまで断言し、いつもプラチナのネックレスにプラチナのリングを二つも通してぶら下げていた。

このように少し上級者向きではあるが、貴金属拾いは少ない労力で抜群の稼ぎを叩き出す生業といえる。普通のサラリーマンよりもよっぽど稼げるかもしれない。しかも、元手はどこにでも落ちている〈都市の幸〉なのだ。この事実をみんなが知ったら、路上には無数の人間たちが集まってきてしまうかもしれない。

［小物拾い］

アルミ缶を拾い集めるほどのフットワークがなくても、貴金属を拾うほどの幸運がなくても、〈都市の幸〉の中にはまだまだ売れるものがある。それらを集めて売る仕事を「小物拾い」という。

オモチャ、ゲーム、食器、古いカメラ、時計など扱う銘柄はさまざまだ。オモチャやゲームは若い人に、時計や食器は日用品を求める年配の人に、と種類に応じてほしがる人は必ずいる。そして、後述するが、こういったものを買い取ってくれる市場《マーケット》も存在している。また、フリーマーケットに出店して自分で売ることも可能である。

［電化製品拾い］

電化製品もよく捨てられている。これらはリサイクルショップに売ることができる。また、中国や韓国の業者がほしがる場合もある。

多摩川では、なんと河川敷にて電器屋が営まれていた。そこでは家電の修理、中古製品や発電機、バッテリーなどの販売などが行われており、「店」の中にはステレオスピーカーが設置され、いつも爆音で音楽が流れていた。

パソコンモニターのパーツには金が含まれており、それだけを拾っている人もいる。これは秋葉原にいる中国人の業者が買い取ってくれるという。

テレビは、取材当時アナログ放送の終了前だったが、すでにデジタル放送対応の小型テレビを持っている人もいた。路上でもすでに地上波デジタル放送への対応が始まっていたのだ。さらに、大量のアナログテレビが〈都市の幸〉として路上に実ることも確実なわけで、「おかげでまた新しい生業が生まれるのではないか」と期待している人も多かった。

電化製品拾いの仕事をしている人々の多くは電気についての知識を豊富に持っており、ぼくらが想像もつかないような方法を使い、路上で実験をしている。たとえば、彼らはガソリンスタンドなどから廃棄処分用の古い一二ボルトバッテリーを収集し、その電力で電化製品を稼働させている。当然ながら、一二ボルトの電化製品しか動かせないはずなのであるが、中には一〇〇ボルトに変圧できる変圧器を持っている人もいて、これを使えば、家庭用の電源でしか動かせないような、大きなテレビ、洗濯機、冷蔵庫、冷暖房機などもバッテリーで稼働させることができるという。

［情報屋］

これは都市型狩猟採集生活の達人・鈴木さんの師匠、ウジイエさんの仕事だ。ウジイエさんには、これといった生業がない。しかし彼は、どこに何を売ればお金になるか、どこに行けば食事が手に入るか、といった膨大な情報を頭の中に蓄えている。それらの「情報」を求めて、人々はウジイエさんのもとに集まる。

人の集まる場所をつくるということはとても重要だ。自分自身のいる場所がそんな場所となれば、人が集まり、さらに情報が集まる。自分は働かなくても、「情報」で稼いだ人たちがお土産を持ってきてくれる。中には黙ってお金を置いていくパトロンのような人までいるという。

「情報」という、商品になりにくいものでも、うまく扱うことができれば、立派な生業となるのである。

［賄《まかな》い夫］

新宿中央公園で暮らす佐藤さんは、周りに住むアルミ缶拾いをしている友人四人のために毎日、朝食と夕食を用意するという仕事をしている。つまり、賄い夫である。さらには、彼らの洗濯までやっている。

彼は、毎月ひとり五〇〇〇円ずつを徴収し、合計二万円で自分も含めた五人分の食事をつくる。食費を安くあげるために、肉と魚はほとんど買わない。その代わり、新宿にある居酒屋が集まっている雑居ビル三棟と契約をしており、居酒屋で余った食材をもらえることになっている。肉はいつも塊だし、魚はブリ一本丸ごとなんてこともあるそうだ。居酒屋経由で包丁なども調達することができる。

食材を手に入れるルートを獲得さえしていれば、食事をつくるということも生業になるのである。

他にも、長めのシケモクが落ちている場所を知っているゲンさんは、それらを集め、銘柄ごとに分類し、きれいな箱に詰めて売っている。名古屋の白川公園に住んでいたYさんは、馬の顔を見ればコンディションがわかるらしく、競馬新聞に予想を売っている。

どんな生業も世の中には存在しうるのだ。

仕事も、住まいや生活と同じようにゼロから考えてみればよい。きみには無数の可能性が隠されていることに気がつくはずだ。自分にしかできない生業に向けて、まずは第一歩を踏み出してみよう。きみはもう、エントリーシートなんて書く必要などないのだ。

店を開業してみる

さらに生業の可能性を広げるため、お店を開業してみよう。

収穫したものを業者に買い取ってもらうより、自分で直接売ったほうが儲けは大きい。また、業者との取引では、彼らがほしがるものしか売ることができないが、自分でお店を開けばどんなものでも売ることができる。

自分で売るということになれば、最終的にどう売るかまでをイメージしながら〈都市の幸〉を拾い集める。必然的に、採集しているときの視線も変わることになる。一見、大変そうに聞こえるかもしれないが、今までは業者に売ることができないため採集しなかったものにも売れる可能性が出てくるわけである。つまりこれは、〈都市の幸〉だと認定できる範囲が一気に拡大することを意味する。そのことは収入増加に直結するだろう。

しかし、お金もないのにお店なんて出せるわけないじゃないか、ときみは考えてしまうかもしれない。

だが、ぼくは取材の過程で、ある市場《マーケット》の話を聞いた。

それは、「ドロボウ市」という物騒な名前で呼ばれている。常連客が言うには、四〇年以上も続く由緒正しきドロボウ市だという。

開催場所は、南千住駅から徒歩で行ける、山谷《さんや》地区の玉姫公園周辺だ。山谷地区というのは、台東区泪橋《なみだばし》交差点を中心とした日雇い労働者たちが滞在する簡易宿泊所が集中する地域の通称であり、俗に言う「ドヤ街」である。

市場《マーケット》は、雨の降らないかぎり毎朝五時～七時の二時間だけ開かれる。昔は名前のごとく盗品もたくさん売られていたようだが、今はすぐに検挙されてしまうため出品されていない。犬や猫や鳥なんかが取引されていたこともあるらしい。

そして、このドロボウ市こそ、誰でも格安で参加できる市場《マーケット》なのである。

開業してまだ半年の店主、コバヤシさんに話を聞いてみた。

コバヤシさんにはもともと「小物拾い」の才覚があり、自分が採集してきた〈都市の幸〉を、ドロボウ市の店主のひとりに買い取ってもらっていたという。それだけでも十分稼いでいたのだが、ある日、知人からドロボウ市の管轄者を紹介してもらった。

ドロボウ市の面々

銭湯無料チケット
拾ってきたJR回数券
チケット屋
定価より20円安い。
煙草屋
裏ビデオ多し
大人のおもちゃ
アダルトビデオ屋
ロレックスもある。
拾ってきた電池切れの時計の電池交換もする。
時計屋
買い出しは上野公園
店は持たず歩きながら売っている。
移動時計屋
期限切れのコンビニ弁当
弁当屋
いらない服の山
家にあった
近所に住むおばちゃん
全部百円。
服屋
金・プラチナ
鑑定・買取もしている。
貴金属屋
近くに寄せ場があるので大工道具がそろっている。
道具屋

管轄者はいわゆるヤクザのような人だったらしいのだが、とくにアコギなやり方をしているわけでもなく、一ヵ月に三〇〇〇円を払うことで出店許可をもらえたそうだ。一ヵ月に三〇〇〇円ということは、一日あたり一〇〇円。これで自分のお店が開けるのである。

しかも、コバヤシさんの中に眠っていたセールストークの才能が開花した。気がつけば、どんなものでも値段をつけて売ることができるようになったという。

今では、毎朝五時から七時までをドロボウ市の店主として働き、その後、お昼前まで自転車に乗って翌日売る「商品」を採集する生活を送っている。月収が、最低でも二〇万円、稼げる月には三〇万円以上になるそうだ。

コバヤシさんの扱う商品はさまざまである。ロレックス、オメガ、年代物の二眼レフカメラ、プラチナ、金といった貴重品も売るが、その隣で軍手や足袋などの日用品もまとめて格安で販売している。貴金属業者、時計業者、古道具屋、日雇い労働者、ゲームオタク、年金暮らしの老人……あらゆるタイプの人に向けた商品を揃えることで、安定した稼ぎが得られているのである。

また、定まった場所に店を開くことで固定客がつき、噂が広がることでさらに客が増える。お店は開業半年で、ドロボウ市で二番目に稼ぐ店になった。最近では他の地区のフリーマーケットにも参加し、そこでも一日に二万〜三万円を稼ぐそうだ。それでもコバヤシさんは「自分なんかまだまだですよ」と言う。どの世界にも、上には上がいるのである。

4

巣づくり——準備編

自分で家をつくるということ

こうして、〈都市の幸〉を享受しながら生きる都市型狩猟採集生活を実践に移すことに成功したきみが、次に取り組むべき課題は、自分の住む家をつくることだ。もちろん、今までのアパート暮らしに戻るのではない。きみの身体、生活、生き方に完全にフィットした家をつくるのである。それはむしろ、家というよりは、人間にとっての巣といったほうが正しいかもしれない。

朝から晩まで働いて、必死にローンを払って手に入れるようなマイホームではなく、世間体や見栄とも無縁な、人間にとっての巣とはいったい何なのかを考えていこう。

まずは、今まできみが疑いもなく考えてきた「家」というものについてゼロから考えてみよう。

そこらじゅうに建っている家。しかし、それらが住人自身によって建てられたものであることは皆無に近い。どの家も、設計士によって図面が描かれ、それを基に建設会社や工務店によってつくり上げられた。住人は、その家の部品一つ一つの値段も知ることなく、何千万円という金額を提示され、購入している。かなり高価な買い物だが、家とはそういうものだと思われている。

また、お金がない人にとっては、自分の家を手に入れるなんてのは夢のまた夢だろう。仕方なく賃貸住宅に住みながら、けっきょくは毎月、高い家賃を払いつづけることになる。

人間にとって根源的に必要であるはずの家を手に入れることが、こんなにも困難であるという、この矛盾。しかし、これを矛盾だと感じている人は少ないようで、あいかわらず家は高い値段で売買され、買うことのできない人は賃貸住宅に住んでいる。

家を建てるには土地も必要である。そして、土地にはすべて所有者がいるという事実が、持たざる者にさらなる追い打ちをかける。

そもそも個人の土地所有が正式に認められるようになったのは、明治時代からである。明治六年に明治政府が行った地租改正という改革により、それまで天皇のものであったすべての土地に対して、私的所有が認められることとなった。といっても、これはたんに納税者を確定するためにつくられた制度であり、それ以前にも、土地には所有者が存在していた。実際のところ、土地にいつから所有権が発生したのかということは、はっきりわかっていない。

では、「土地を所有する」という考え方は、それが問題視されることがないほど、あたりまえのものなのだろうか。

たしかに一ヵ所に定住し、農作物をつくりながら生活をする社会では、土地を所有するという概念が必要であったかもしれない。しかし翻って現在、都市部では農作物を生産するということはあまり行われていない。農作物ではなく、土地そのものが価値を持ち、所有され、売買されているというのが現状だ。本来はまったく生産性がないはずの住む場所までもが売買の対象になってしまっている。

日本の外に目を向ければ、遊牧民が暮らすモンゴルの大平原には土地を所有するという発想がない。ネイティブアメリカンや、アボリジニの社会にも、土地を所有するという考え方は存在しない。そういう社会だって存在しているのである。

もちろん、土地を所有するという概念を今すぐ無効化することはできないだろう。しかし、もう一度考え直す必要がある。具体的には、人が住むための土地と生産を行うための土地とはきちんと分けて捉えるべきだ。そして、生産を行うための土地（つまり都市部では店舗ということになる）は、現行のままでもいいかもしれないが、人が住むための土地については、すべての人が手に入れられるようにするべきではないだろうか。

さらに結論から言うと、人間が土地を所有し、それを売買するというのはやはり、根本的に間違っている。土地を商売の手段にすること自体がおかしいのだ。本来ならば、それらは公平に与えられるべきなのだから。

とはいえ、この現実を変革することはなかなか難しい。お金があり、土地を持っている者が権力を持っているかぎり、そう簡単に土地を分配するなどと言い出すわけがない。

しかし、路上で都市型狩猟採集生活を始めたきみは気がつくはずだ。家や土地というのは、何もそのように決まった姿だけのものではないと。動物の巣のような路上生活者たちの家も存在しているのである。

きみたちの先人は東京のような大都市の中で、0円で土地を見つけ出し、0円で家を建てることに成功しているのである。

まずは土地を見つける

家を建てるためには、土地が必要となる。まずは先人たちが家を建てているところへ向かってみよう。

先人がよく家を建てている場所、それは、河川敷、大きな公園、橋の下などである。東京だと新宿中央公園、上野公園、戸山公園、代々木公園、隅田川河岸、多摩川河川敷、荒川河川敷などだ。直接行って、話を聞いてみよう。

ただ、公園ごと、河川敷ごとに、管轄している管理団体が違うので、決まりごとなどもそれぞれに異なる。そして、いくつかの公園、河川敷では、現在新しく家を建てることが禁止されている。具体的には新宿中央公園、上野公園、戸山公園、代々木公園、隅田川河岸では、新しく家を建てることが現実的に難しくなっている。

これには理由がある。今それらの場所に建っている家は、東京都が打ち出した、数千円で二年間アパートを借りられるというホームレス支援のための制度を断り、路上に住みつづけることを選んだ人たちの家なのである。

たとえば隅田川は、現在、東京都建設局第六建設事務所が管轄しており、この制度を受けると、アパートの入居にあたり、もう二度と隅田川沿岸には戻らないという誓約書を書かされる。支援は二年間。その間に仕事を見つけ出すことができなければ、家賃は通常通りに戻るため、再び路上生活を強いられる人が出てくる。しかし、すでに誓約書を書いてしまったために、路上には戻れないという理屈になる。まあ、誓約書といっても口約束のようなものにすぎないのであるが、それでは困ると支援を断って路上に住みつづける人たちがおり、そこに新たに家を建てる人はいない。これが現在の状況となっている。

では、自由に家を建てられる場所はもうどこにもないのかというと、これがちゃんと残されている。

東京であれば、多摩川と荒川の河川敷である。この二つの場所では、今、新しく家を建てたとしても、事実上、誰からも何も言われない。すべての土地が誰かに所有されているように見えるこの日本でも、じつはまだ、誰でも0円で自由に家を建てることができる場所があるのである。

言わばここは、旧来の土地システムから独立した場所である。太古の人類が、洞窟を見つけ、自らの身を守るシェルターにしたように、きみも〈都市の幸〉としての土地を見つけ出し、そこに自分だけの家をつくることができるのだ。

もちろん、河川敷に工作物をつくるという行為は、法律では認められていない。そのため、河川法第二六条に違反していることになる。しかし、これまでこの第二六条が実際に適用され、罰則を受けたというケースは存在しない。

つまり、土地が何億円かで取引される一方で、実際に0円で家が建てられている場所が存在しているのである。

けっして夢想ではない。システムによってがんじがらめだと思われがちな土地という制度も、〈都市の幸〉を採集する都市型狩猟採集民の視点に立つきみからすれば、まだまだ隙間だらけに見えることだろう。

これはとても重要なことだ。

つまり、都市ではすべての土地が管理されているわけではない。それはある画一化した階層《レイヤー》においてだけ、そう思い込まされているのである。新たな視点を持ち、都市に無数の階層《レイヤー》が存在することを知れば、商品化されてしまった土地そのものを解放することだって可能になる。

こうした土地が存在し、都市型狩猟採集民たちが実際に家を建てることに成功しているという事実は、「システムが人間を完全に管理することはできない」ということの証明だとぼくは考えている。

インフラの考え方を変える

ぼくらが今、住んでいる家には、電気、ガス、水道といったインフラがあたりまえのように完備されている。しかし、路上の家にはこれらの設備が何一つ用意されていない。それぞれが必要なものを自分で調達しているのだ。寝る前にちょっと本を読むのが好きだからと乾電池で動く小さな懐中電灯を使ったり、電池がないので蠟燭《ろうそく》を使う人がいたり、バッテリーに蓄電してライトを点けている人や、発電機を買ってきて蛍光灯やテレビを使っている人までいる。まさに十人十色である。

彼らは、自分の生活ニーズに合わせて、インフラをつくっている。

そんなに電気を必要としない人は単三電池が月に五、六個もあれば十分だろう。しかし、現在の住宅では、電気をまったく使わない人がいたとしても基本使用料を払わないといけない。それではあんまりだと思っても、じゃあ万が一、急に多くの電気が必要となったときにきみの家まで電気が来ていなかったらどうする？　と言われてしまうわけだ。だから、どの家庭でもコンセントまで電気が常に来ている状態になっている。

そのこと自体はすばらしくもあるが、しかし、やはり路上の住人の電気の使い方を見てしまうと、こちらのほうが自然ではないかと思ってしまうのだ。

彼らは使う電気の量を把握して、それに見合うだけの電気を手にしている。いわば電気というものを食材のように扱っているのである。食べきれない量の食材を、突然必要になるかもしれないからといって家の中に保管している人なんていないだろう。それと同じである。

なぜ電気はいつもつながっていないといけないのか、水道はいつでも出せるようになっていないといけないのか。ガスだってそうだ。それは使う分量がわかっていないからではないか。

自分が三食とるために必要な食材と米の量はだいたいわかっているから、食材を家に溜め込む必要はない。だけど、電気の量はわからないのだ。どれだけあれば、テレビが映るのか、電灯が点くのか、パソコンが使えるのか、電話がかけられるのか。目覚まし時計だったらわかるかもしれない。あれは単三電池の新品を入れておけば一年ぐらい平気で動く。携帯電話の充電がなくなってコンビニで携帯用充電器を買えば、単三電池二個でどのくらい通話できるかはだいたいわかる。

だけど、ほとんどの電化製品について、どのくらい電気量を必要とするのかはわからない。そして、わからないということは即、不安につながってしまうのである。

都市型狩猟採集生活における電気との付き合い方は、まるで正反対だ。

一二ボルトで動く小型テレビは、自動車用のバッテリー一台を使えば、一日五時間観たとして一〇日間ぐらいもつ。そんな具体的な数字がすらすら出てくる。つまり、電気をモノとして捉えているのである。

だから、常に電線とつながっている必要がない。必要な電気量がバッテリーに蓄電されていればいいのである。なくなったらシャープペンの芯のようにまた詰めればよい。基本使用料なんて払う必要がないのである。

設備と家を分離させる

そもそも、家とインフラはセットではないのだ。

家には、屋根があって、壁があり、そこで、人が暖をとり、寝ることができて、団らんできればいいのである。暖かいところであれば、電気はいらないし、横に清流が流れているところであれば、水道はいらない。家の真ん中に囲炉裏があるところでは、ガスなんていらないのである。

それが、今の家では、電気・ガス・水道が完備されていてあたりまえとなっている。そして、そのすべてに基本使用料がかかる。もちろん、すばらしい技術ではある。いつでもぼくたちはそれらを使うことができるのだから。

しかし、路上の家を調べていて気づいてしまったのだ。「設備というものは、じつは家とはまったく別のものなんだ」と。何しろあらゆる方法でインフラが調達できるのである。

具体的に見てみよう。

［一二ボルトバッテリー］

電化製品は、今のぼくらの生活にはなくてはならないものである。どうにかしてでも使いたい。ただ、コンセントまで常に電気が来ているような状態ではない場合はどうすればよいのか。

ぼくが取材で出会った人たちは、いろんな工夫を重ねて電化製品を使っていた。代表的な方法は二つだ。一つはバッテリー、もう一つは発電機を使う方法である。

バッテリーというのは、自動車用の一二ボルトバッテリーのことだ。これで電化製品を動かせるのである。

家庭用電源は通常一〇〇ボルトであるが、きみが今使っている電化製品の表示を見てほしい。意外にも一二ボルトで動く製品が多いことに気がつくだろう。その一二ボルト製品を家庭用の一〇〇ボルトの電源で使うときにはアダプターを使用しているはずである。しかし、一二ボルトバッテリーであれば、アダプターなしでそのまま接続して使うことができる。逆にこちらのほうが電気の効率がよいぐらいである。

もちろん家庭用のすべての電化製品が、バッテリーで使えるわけではない。家庭用の一〇〇ボルト電源の使用を前提にしてつくられた製品もあるからだ。たとえば、電化製品によっては交流のものもあり、これは家庭用電源が交流一〇〇ボルトだからなのだが、その場合、直流一二ボルトのバッテリーを使用することはできない。ただ、直流を交流一〇〇ボルトに変換するインバーターを〈都市の幸〉として手に入れ、使っている猛者もいる。これなら、どんな電化製品でも路上で使うことができる。

バッテリーを使う電気生活で活躍するのが、太陽光発電である。今はまだ高価ゆえあまり普及が進んでいないようだが、路上の世界では次々とその可能性が証明されている。

実のところ、太陽光発電は、今の家庭用電源として使うのには効率が悪く、むしろ路上向きとさえ言えるのである。

ぼくは、秋葉原のラジオデパート一階にある太陽光発電ショップで一万円で売られていた三〇センチ四方のソーラーパネルを購入し、隅田川の鈴木さんの家で使ってもらったことがある。結果、簡単に発電をし、その電力をバッテリーに蓄電したところ、一二ボルトのテレビ、ライト、ラジオなどをすぐに使うことができた。少しの時間でかなりの電力を発電することがわかった。

しかし、そのソーラーパネルを家庭用の一〇〇ボルト電源で使用しようとすると、屋根一面をパネルで覆わなければならなくなる。これでは値段も高いし、太陽光発電をエコだと言っていることと矛盾してしまう気がする。そもそも環境のことを気にするなら、まずは使う電気の量を減らすことのほうが先決だろう。

といっても、ここでぼくは環境問題を訴えたいわけではない。人間が住みよく、効率よく生きれば、必然的にそれが一番環境への負荷を減らすことにつながると思うのだ。

重要なのは、自分が使う電気量を目で確認し、電気と同居しているような感覚で生活することだ。使用量をブラックボックスにするから、無駄をしてしまう。目で見ることができ、量が減っていく仕組みさえ理解できれば、無駄を省くアイデアも出るし、技術も向上するのである。

さらに、隅田川のエジソンこと、鈴木さんはバッテリーに関してとんでもない方法を生み出していた。

バッテリーというのは、使っていくうちに中に入っている希硫酸が少しずつ減っていくので、補充用の液体が売られている。この液体がじつはただの蒸留水だということに気づいた鈴木さん、代わりに普通の水道水を入れてみたところ、問題なく使うことができたというのだ。

また、鈴木さんはバッテリーがなくなってしまったときには、乾電池を使って電化製品を動かしている。単一乾電池は一つで一・五ボルト、直列に八個つなげれば一・五ボルト×八個＝一二ボルトになる。新聞紙で筒をつくり、中に八個の乾電池を並べ

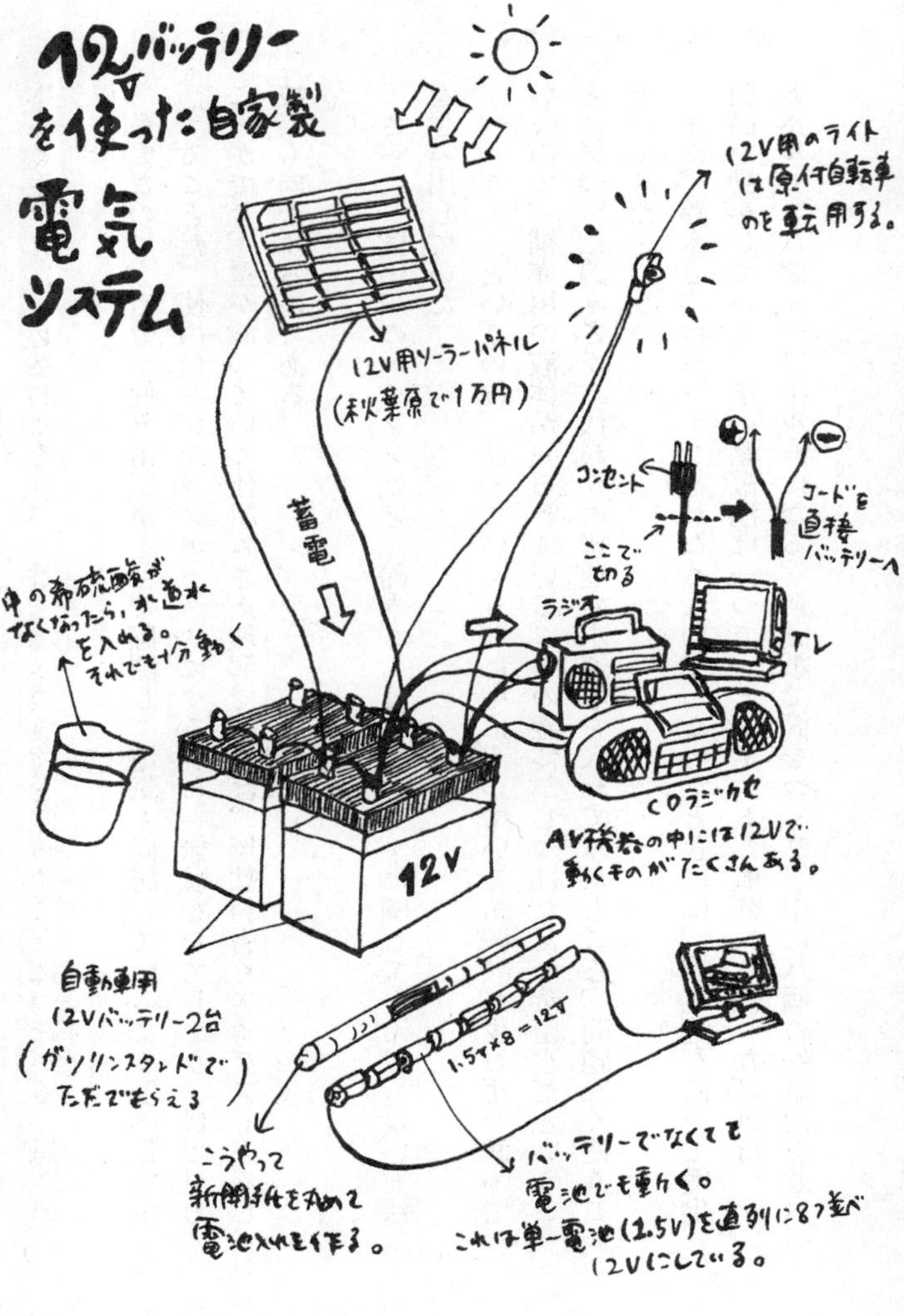
12Vバッテリーを使った自家製
電気
システム
12V用のライトは原付自転車のを転用する。
12V用ソーラーパネル
(秋葉原で1万円)
蓄電
コンセント
ここで切る
コードを直接バッテリーへ
ラジオ
TV
中の希硫酸がなくなったら、水道水を入れる。それでも十分動く
CDラジカセ
AV機器の中には12Vで動くものがたくさんある。
12V
自動車用
12Vバッテリー2台
(ガソリンスタンドでただでもらえる)
1.5v×8＝12v
こうやって
新聞紙を丸めて
電池入れを作る。
バッテリーでなくても
電池でも動く。
これは単一電池(1.5V)を直列に8つ並べ
12Vにしている。

て両脇に電線をつなぐ。このやり方で、いとも簡単に電化製品を動かしていた。

まずは電気に対する既成概念を捨ててみることだ。そして、自らの手で電化製品を動かしてみよう。電気を自分のペットのように扱うことで、よりさまざまなアイデアが出てくるようになる。技術もどんどん向上していくはずだ。

［発電機］

発電機を使えば一〇〇ボルトの電気も普通に使うことができる。つまり、発電機さえあれば、もう家庭用の電源はいらないし、どんな場所でも自由に電化製品を使えるようになる。

ただし、そのためには発電機を購入する必要がある。バッテリーであれば、ガソリンスタンドに廃棄されたものを、事情を話して〈都市の幸〉としてもらうこともできるし、たとえ買ったとしてもそう高くはないだろう。しかし、発電機はなかなか高価である。

電気関係に詳しい多摩川のFさんに聞いてみた。

「発電機はね、ぼくはホンダの二〇〇〇Fを七万八〇〇〇円で買ったけどね、じつはホンダよりもデンヨーというメーカーの発電機のほうがいいの。デンヨーのだと、どれだけ使ってもエンジンオイルが汚れない。ホンダのほうがメジャーだからって名前にだまされちゃだめだよ。ただ、デンヨーのはモノがいいので一二万円もするんだよね」

ちなみに、Fさんは、路上にもかかわらず、普通の一〇〇ボルトのテレビ、電子レンジ、蛍光灯、冷蔵庫、エアコンまであるという完璧な電化生活を送っている。

発電機の場合、当然ながらガソリン代もかかる。Fさんの家では月に一万円以上もかかっていた。

ただ、彼の場合、節約生活を送るのが目的ではないとのことなので、それもアリだ。彼は今の社会システムから独立して生きるために、独自のインフラを獲得しようとしているのである。もうこうなってくると、ホームレスなどという言葉がいかに陳腐な表現であるかがわかってくるはずだ。

このように、現代の都市では、都市型狩猟採集民が完全なる自由を求めて新しい生活の在り方を日夜研究し、技術を向上させているのである。

［ガス］

温かいものは身も心も気持ちよくさせる。やはり、冷たい物ばかり食べたり飲んだりしていると、健康面にも精神面にもあまりよくないと路上の多くの人が証言する。とはいえ、毎度、薪で焚き火をするわけにはいかない。そんなことをしたらすぐに通報されてしまうからだ。そこで、火を使うためにカセットコンロが必要となる。

隅田川の鈴木さんの場合、カセットコンロを使うために、三本入り二七八円のカセットガスを一週間にだいたい九本消費するという。つまり、一ヵ月でだいたい三四〇〇円ぐらいかかる計算となる。

カセットコンロを使うコツとしては、保温調理器のようなものを使い、沸騰したらすぐに止めて、余熱で調理をすることだ。壊れた炊飯器でもおおいに役立つ。炊飯器の内釜を直火にかけて鍋にすることもできるし、できあがった料理を炊飯器に入れておけば、たとえ電気を使わなくても保温効果がある。

カセットガスの銘柄にも気を配ってみよう。各メーカーで微妙に性能が違うからだ。ちなみに隅田川の鈴木さんによれば、ショップ99のカセットガスが一番持ちがよいという。

カセットコンロで沸かしたお湯はお風呂にも使用することができる。少し大きめの、

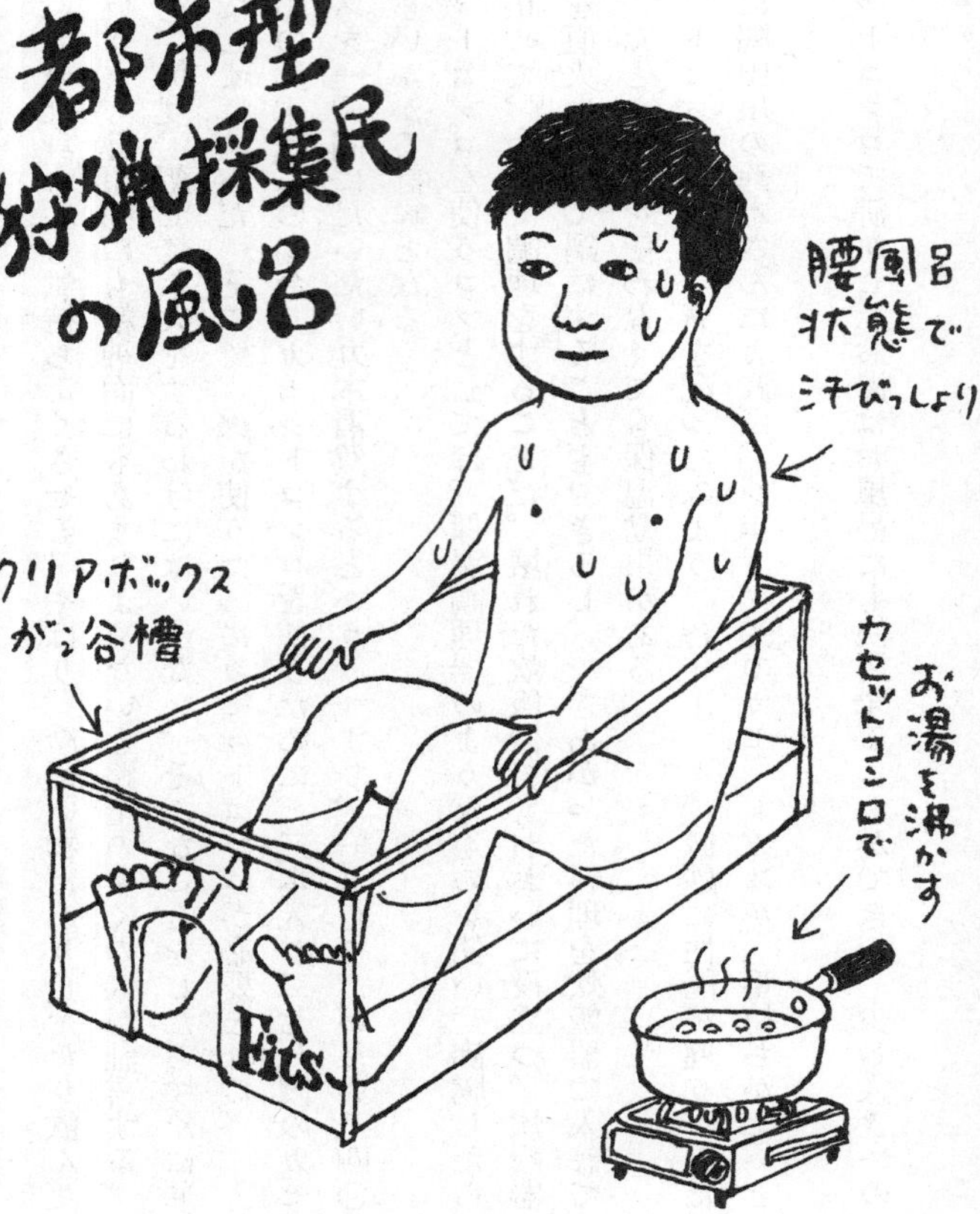
都市型
狩猟採集民
の風呂
腰風呂
状態で
汗びっしょり
クリアボックス
が浴槽
カセットコンロで
お湯を沸かす
Fits

押入れで使うような洋服用のクリアボックスの中にお湯を入れ、裸で入る。もちろん肩まで浸かることはできないが、腰風呂状態にはできるだろう。

［水道］

日本の公園はたいてい適当な緑しか植えられていないし、遊具もお粗末だし、地面もコンクリートに少し砂を敷いているだけのところが多い。しかし、トイレと水飲み場に関してだけは、世界で一番整備されているといっても過言ではない。水は一般の家庭に流れている水道と同じ水質だし、トイレも毎日掃除されているので、海外での汚いトイレに比べると天国である。

都市公園法では、公園の水を個人的に利用することは禁じられていない。だが、東京都内に限ると都立公園条例というものがあり、その第一六条により利用が禁止されている。といっても罰則があるわけではないので、実質的には使い放題となっている。

現在、路上で生活している人々の多くはこの公園の水を生活用水として利用している。問題がないわけではないが、住む場所のない人にとってはここが最後のライフラインであり、それを禁じてしまったらそれこそ大変なことになってしまうので、黙認されているのが現状である。

とはいえ、水はもともと誰のものでもなかったはずだ。だから、お金を払えばどれだけ水を使ってもよいという仕組みも、ずいぶんとナンセンスなものに思える。

そして、そんな状況を軽々とクリアしてしまう、水の達人もいる。

多摩川沿岸に一五年以上も住む通称ロビンソン・クルーソーである。彼は公園の水を一切使用していない。というか、彼は水道水なんてまずくて飲めないと言うのだ。では、彼は何を飲んでいるのか。それは雨水である。

雨水なんて飲めるはずがない。ぼくもそう思っていた。でも、実際に飲んでみたところ、たしかにおいしい。お腹も壊さなかった。

ロビンソンによると、現在の東京の水道水は、ダムに溜められた汚い泥水だという。それを塩素で殺菌して飲めるようにしている。だから、その日の水の汚れに合わせて薬品の量が変化し、味も変わるのだそうだ。

「でも、雨水も同じように汚いんじゃないですか」と聞いてみたところ、ロビンソンの答えはこうだ。

「そりゃ、東京の空は汚いよ。埃《ほこり》、塵《ちり》、化学物質、いろんなものが混ざっているからね。でもね、雨というのはすごいの。二時間もすれば、大気中に混ざっている不純物のほとんどを流してしまうわけですよ。だから、雨が降っても二時間は放っておいて、二時間以上たったら、バケツを持ってきて溜めるわけ。蒸留水にも負けないぐらい純粋な水だよ。もちろん万が一ってこともあるから、飲むときには沸騰させるけどね。だけど、この一五年間一度も腹を壊したことはないよ。しかもね、この水は純粋だから、二ヵ月置いておいても腐らないの。普通の水道水だったら腐っちゃうけどね」

ぼくがここで紹介している路上の家は、当然、すべてが許されているものではないし、誰もが簡単にできるものでもない。しかし一方で、ぼくらが住んでいる現在の家には、人間が住むための巣としての本質がやはり欠けていると感じてしまうのだ。

誰がそこに住むのか？　という一番根源的な問いを無視した上で、次々とできあがっていくマンション。ルールの中であれば何十階建ての高層マンションもつくることができる。たとえそれが、人が住むために必要な空間ではなくてもだ。

そこにできた住空間には、引っ越してきた当日からすぐに生活を始めることができるようにインフラが完備されている、しかし、その電気や水道やガスがどこから来ているのかを理解するのはとても難しい。壁の向こうがどうなっているかも、天井の裏はどうなっているのかも、住人にはまったくわからないままである。

そんなことを考えながら、都市型狩猟採集生活をしている住所のない川沿いの家を訪ねると、いつも不思議な思いに駆られる。たしかにそれらは許可なく勝手に建てられており、どこからどこまでが誰々の土地である、などといった決まりもない。ただ一つ言えるのは、彼らの中に、周囲の環境を無視してまで無茶苦茶な建築物をつくったりするような人は、ひとりもいないということである。

もちろん、そこに家を建てること自体が無茶であるとも言える。しかし、純粋に「人間が住むための空間」という意味で考えると、どの家もちょうどよい大きさに収まっているのである。

次章では、そうした先人たちの家を実際に訪ねて、きみに紹介したいと思う。

5

巣づくり——実践編

さて、土地とインフラを確保したら、次は、実際に巣をつくってみよう。

と言っても、きみも含めて、ほとんどの人は、自らの手で何らかの住空間をつくり出した経験などないと思う。現代の住環境システムでは、自力で家をつくるなんてことは不可能だと思わされているからである。家というものは、つくるのではなく、買うか借りるものということが前提になってしまっている。

そして、この前提こそ、ぼくが真っ先に疑いたいことなのだ。

壊れても建て直せる家を

多摩川や荒川で暮らす先人たちの家を見てみよう。

自分の手でつくられた彼らの家は、いつでも変化させることのできる、言ってみれば、身体の延長線上のような空間だ。

そこには、ぼくらが抱きがちな、地震が来たら住むところがなくなってしまうのではないか、お金がなくなったら路上生活をしなくてはならないのではないかという不安は皆無である。その代わりに、自分の家がどのようにしてつくられているかを完全に理解しているがゆえの創造性が、いかんなく発揮されている。

何しろ彼らの家は、地震、台風が来てもビクともしないのである。

中には一五年もの間、多摩川沿いに小屋を建てて暮らしている人もいるが、何度も洪水に襲われているのに、ほとんど打撃を受けていないという。

しかも、高層マンションやビルが倒壊した場合、逃げ遅れた人間は巻き込まれて死んでしまうが、路上生活者たちは自分の住んでいる小屋が倒れても、ちょっとタンコブができるぐらいで済んでしまう。たとえ倒壊したとしても、修理してつくり直すことができる。隅田川の鈴木さんの家なんて、一〇年経っているのに、ほとんど無傷である。雨漏り一つしない。突風にもビクともしない。

この差はいったい何なのだろうか。

今、ぼくらが住んでいる家というのは、実際にそこに住む人によってつくられているわけではない。言い方を変えれば、それらの家は「商品」として存在しており、購買者に不安を与えないように、過剰に頑丈につくられている。地面の上にそのまま家を置くわけにもいかないので、地中にコンクリートを深く埋め込み、上に載っている家と固定させる。壁も、ブルーシートを二重にすればそれだけでも十分なのは路上に住む人々によって実証済みであるのに、それでは商品として認められないと、頑丈に空間を密閉したものとなる。高い所に住む必要なんてそれほどないはずなのに、ただ見栄のために、二階、三階、場合によっては二〇階建てマンションの最上階なんかに住もうとしてしまう。

それでいいじゃないかという意見もある。ただし、それはあくまで商品としての家の場合である。なぜなら、そのような家は、頑丈につくられているように見えて、じつはただの重い物体にすぎないからだ。動かせないし、不必要になったときに燃やすこともできない。人はそんなものに何千万円も払っているのだ。

どんなものでもいつかは壊れる。それは0円ハウスであれ、億ションであれ、同じことである。地震だっていつ来るかわからないのだ。

ようするに、家というものには常に、「いつかは壊れる」という前提が隠されている。そのことを確認しておきたい。

しかし、幸運にもきみは今、家を失っている状態だ。そして、巣をつくる段階にまで手順を踏んできた。これはチャンスである。人間の住む空間について、もう一度ゼロから考え直すことができるのだから。

技術はないかもしれないが、心配は無用。本当は技術がないのではなく、経験がないだけだ。自分の身体を使って体験を重ねると、必要な技術はいくらでも進歩するのが、人間というものだ。

引き続き、一服でもしながら話を聞いてもらいたい。

隅田川の鈴木さん

ここではどんな人でもできる巣のつくり方を、隅田川で一〇年間暮らしている、ぼくの盟友でもある鈴木さんに教えてもらうことにしよう。

と、その前にこんな話がある。

鈴木さんの家で、中国の四川大地震の様子をニュースで見ていたときのことだ。被災者が暮らすテント群を見ながら、「あー、いかんいかん。地べたで寝ちゃいかんよ。

床を上げないと」と彼がつぶやいた。政府が要請するなら現地へ行ってみんなの住む小屋をつくるのに、とも語っていた。路上生活しているにもかかわらずそんなことを言うのである。

鈴木さん自身は、当初、財布とカバンを盗まれて路上生活を余儀なくされた。そのとき、彼はどのような家を、どんな道具と方法でつくったのか。それをこれから紹介したいと思う。


「初めはどこに行ったんですか?」

「やっぱり橋の下だよね。そこでダンボール敷いて寝てたよ。一ヵ月くらい」

橋の下には他にも寝ている人がいて、そこで三人の友人ができたという。

「そうこうしていたらさ、警官が来て、橋の下は公園の敷地で警察の管轄になってるから追い出さなくちゃいけない、と言ってきたのよ」

「それで?」

「隅田川の遊歩道は管轄外だから、そこに住みなよって言われた。警察官に言われたもんだから、自信を持って、遊歩道の横にある植え込みの中に小屋をつくることにしたよ。それが一軒目の家だね」

何とも不思議なオープニングだが、こうして鈴木さんの都市型狩猟採集生活は、幕を開けた。しかし、材料も道具も何もない。

「四人で小屋を建てて共同生活をしようと思ったけど、何も持っていなかったよ。だから、みんなで手分けして何でもいいから小屋の材料になりそうなものを集めたわけ」

「すぐに集まったんですか?」

「竹がたくさん見つかった。四人でやったから、材料は一日で十分揃ったよ」

「竹ってそんなに落ちてるもんじゃないでしょう。どこから持ってきたんですか?」

「お祭りだよ。ステージつくったりするときに竹を使っていてね。次の日になったらいらないからそのまま捨ててあるんだ。それをもらってきたよ」

祭りの設備というのはほとんどが仮設のものなので、翌日には〈都市の幸〉が溢れんばかりに手に入るという。ブルーシートもここで手に入れたそうだ。やきそばもたくさん捨てられていたらしい。

「あとはね、公園に植えられている木を支えている竹があるじゃない」

「はい、紐で縛られているやつですね」

「そうそう、あれを拝借してくるのよ。いけないことだけど、こっちも必死だったからね。同居人がそれを持ってきた」

なるほど。そうやって考えると、材料は都市の中でも意外と見つけることができそうだ。

「基本的な材料は竹とブルーシート。この二つだけ。これでできるのよ、家は」

「釘とかいらないんですか」

「だって、当時は持っていないんだもの。だから釘を使わない方法を考えたの。ビニール紐や梱包用のプラスティックのバンドみたいなのをたくさん拾ってきてね。接続には、全部その紐を使うの」

そう、釘もいらないのである。しかし、ノコギリだけは必要なのだそうだ。鈴木さんは持っていなかったので、隣の小屋に住んでいた人から借りたそうだ。

また、浅草周辺の問屋街によくパレットが落ちていたそうで、それを四枚ぐらい拾ってきた。あとはダンボール。これで全部。これさえあれば四人が同時に寝られるような空間がつくれるのである。

では実際につくってみよう。

〔必要な部材〕
・ブルーシート
・竹
・パレット
・ダンボール
・ビニール紐
・ノコギリ（これだけ借りもの）

まずは竹を切って、柱をつくる。竹を一五〇センチに切って、二〇センチくらいを地中に埋める。三メートル×四メートルぐらいの大きさにするために等間隔に立てる。二本の梁《はり》も竹でつくり、ビニール紐でタスキ掛けにきつく縛る。結び方なんて気にしなくていい。とにかくバッテンに縛る。

さらに天井も竹を四本使って掛けて、紐で縛る。

さらに強度を増すために、「筋交い」と言って、柱と柱の間を斜め竹で支える。これは片側ずつ二ヵ所もすれば十分だ。

これで構造体が完成。あとはブルーシートをきれいにその周りに張れば完成である。雨水がちゃんと流れていくように、屋根は少し傾斜をつけておいたほうがよい。

ブルーシートは花火大会、ゴミ捨て場、公園（元0円ハウスの残骸）などで簡単に手に入るので、たくさん確保しておいたほうがよい。

ブルーシートは二重にして張る。それだけで強度はかなり増す。

これで釘のいらない家の完成である。もちろん総工費は0円。


次は家の内部である。

まずブルーシートを地面の上に敷く。これは雨で浸水するのを避けるためであると同時に、ネズミ除けの意味もある。

図のようにしてブルーシートで完全に密閉してしまう。こうすれば風も入らず、しかもかなり頑丈になる。

地面に敷いたブルーシートの上には拾ってきた木製のパレットを四枚きちんと合わさるように並べる。これが床になる。つまり、少し高床式にするのだ。その上にダンボールをきれいに敷き詰める。

これですべての工程が終了である。

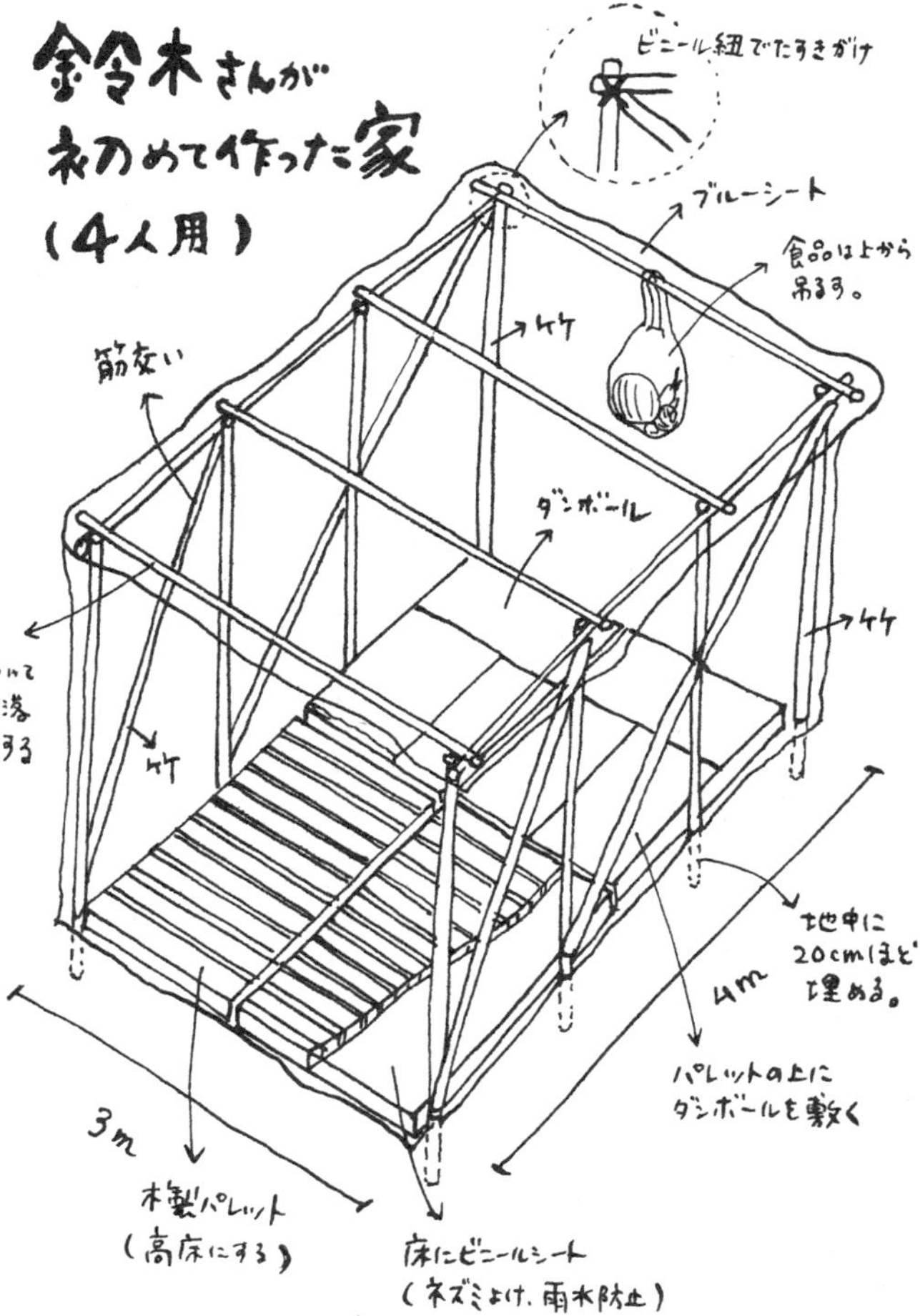
鈴木さんが
初めて作った家
（4人用）
ビニール紐でたすきがけ
ブルーシート
食品は上から
吊るす。
竹
筋交い
ダンボール
屋根は
傾斜をつけて
雨が流れ落
ちるようにする
竹
竹
地中に
20cmほど
埋める。
4m
パレットの上に
ダンボールを敷く
3m
木製パレット
（高床にする）
床にビニールシート
（ネズミよけ、雨水防止）

入口は、ブルーシートを少しだけめくれば入れる。とくに玄関をつくる必要はない。

布団は、可燃ゴミの日によく落ちている。布団は基本的に粗大ゴミ扱いなのだが、それを守らずに可燃ゴミとして出す人々がたくさんいるのだ。鈴木さんは、最近もまた、新品の布団を拾ったという。


四人が同居するのでこれだけの材料が必要だが、一人なら、この四分の一の材料で十分だ。実に簡単につくることができる。道具もほとんど必要としない。

「すごいです。本当に釘も何もいらないんですね」

「それでいて、この家は強かったねえ。強風が吹いてもビクともしないんだから。掘っ建て小屋ってけっこう強いのよ」

そんなわけで四人暮らしが始まったのだが、困ったことが起こった。ネズミ問題である。

「ネズミも必死だったんだろうね。オレの顔をまたいでいたからね。どんなにブルーシートで閉じても入ってくるんだよ。だから床に食材は置けない」

「では、どこに置いてたんですか？」

「天井に掛けている竹の梁からぶら下げておくの。こうしておけば、ネズミに入られても食べられることはなかったね」

かなり真剣な闘いである。その後、隣人が猫を飼いはじめてからはネズミには困らなくなったという。猫嫌いの人は猫を飼っている人の近くに家を建てる必要があるといっても過言ではないほど、猫は重要なペットなのだ。

より快適な家に住むために、鈴木さんはさらに材料を集めだした。都市のどんな場所で材料は手に入るのか、街を歩きながら学んでいったという。

「次の家はゆっくり時間をかけていいものをつくりたいと思っていたから、材料集めに時間をかけたね。街を歩いて気づいたよ。どんなものでも拾えるんだということに」

「どんなものを集めたんですか？」

「最初は道具だね」

鈴木さんはゴミ置き場から双子用の乳母車を拾い、それを押しながら、とにかく街を練り歩いたそうだ。

「何で乳母車なんですか？」

「台車は音がしてうるさいんだけど、乳母車っていうのは音がしないの。これだと、街を歩いて採集していても、人から文句を言われなくてすんだよ」

なるほど、である。しかも、いちいち理由があるのに驚く。

「ノコギリ、トンカチ、ノミなど大工道具なら何でも、不燃ゴミの日に捨てられている。釘なんか新品の箱ごと捨てられているときがあるよ」

やはり、簡単に集められるようだ。

「あと、やっぱり神社の祭りは見逃せない。とにかく一時的なものをつくる場所には、そのあと、ぜったいに使えるゴミが落ちてるから。曲がった釘なんかもよく拾ったよ。それを水平なコンクリート地面の上に置いて、叩いて、まっすぐに伸ばす。こういう生活をしてるとね、時間だけはたっぷりあるから、丁寧な仕事ができるよ」

こうして大工道具が完璧に揃ってくると、竹じゃなく、製材された木材を使い、さらに快適な家をつくってみたくなる。といっても、それほど難しいことではない。誰にでもできるように解説してみよう。

まずは材料の調達である。

前の家の壁はブルーシートだけだったが、今度の家はもう少し改良を加えてみよう。

ベニヤ材で壁をつくり、防寒性を高める。さらに、ブルーシートとベニヤの間に隙間をつくることで通気性をよくする。柱や梁には、通常の住宅で屋根部分に使用されるそんなに太くない垂木・桟木を転用する。

［必要な部材］
・柱用　垂木または桟木　六尺（約一八〇センチ）程度のもの　約一〇本
・壁用　ベニヤ板　九〇センチ×一八〇センチ（一枚板でなくてもよい）　約四枚
・ブルーシート　　・すだれ

これらの材料を使い、鈴木さんは縦横九〇センチ×二〇〇センチ、高さは一五〇センチほどの家（ひとり用）をつくったという。

材料をどこで手に入れたのか聞いてみた。

「やっぱり一番は解体現場だよね。木造住宅を解体している現場に行って、正直に伝えてみる。それで廃材をもらってくるの。向島あたりは古い家がたくさんあるから、よくもらいに行っていたね」

「他にはどこがありますか？」

「ゴミ捨て場の場合ももちろんあるし、工事現場でもらう場合にはね、家が完成寸前で、工事が終了する直前を狙うといいよ。余っている端材をくれると思う。あとはね、銭湯。銭湯は重油ばかり使ってられないから、廃材を燃やしているところが多い。銭湯では垂木のような細い木材はほとんど使っていないけど、ベニヤ板ならけっこう見つかるよ」

この他にも、やはり祭りの翌日は狙い目だ。普段の公園にも、材木、ブルーシートが落ちていることがある。もともと0円ハウスだったものの残骸だ。その場所に飽きて、次の場所に移動をする人が残していくのだ。

そうやって見つかった材料をもとに、実際に家をつくってみよう。

男ふたりもいれば、解体することなくそのまま簡単に持ち上げて運ぶことができる可動式の家の完成である。

もちろん、高床式。これは通気性の確保、雨天時の湿気防止の他に、ネズミ除けの効果もある。ベニヤ板がなければ前の家のように筋交いを入れてもいい。

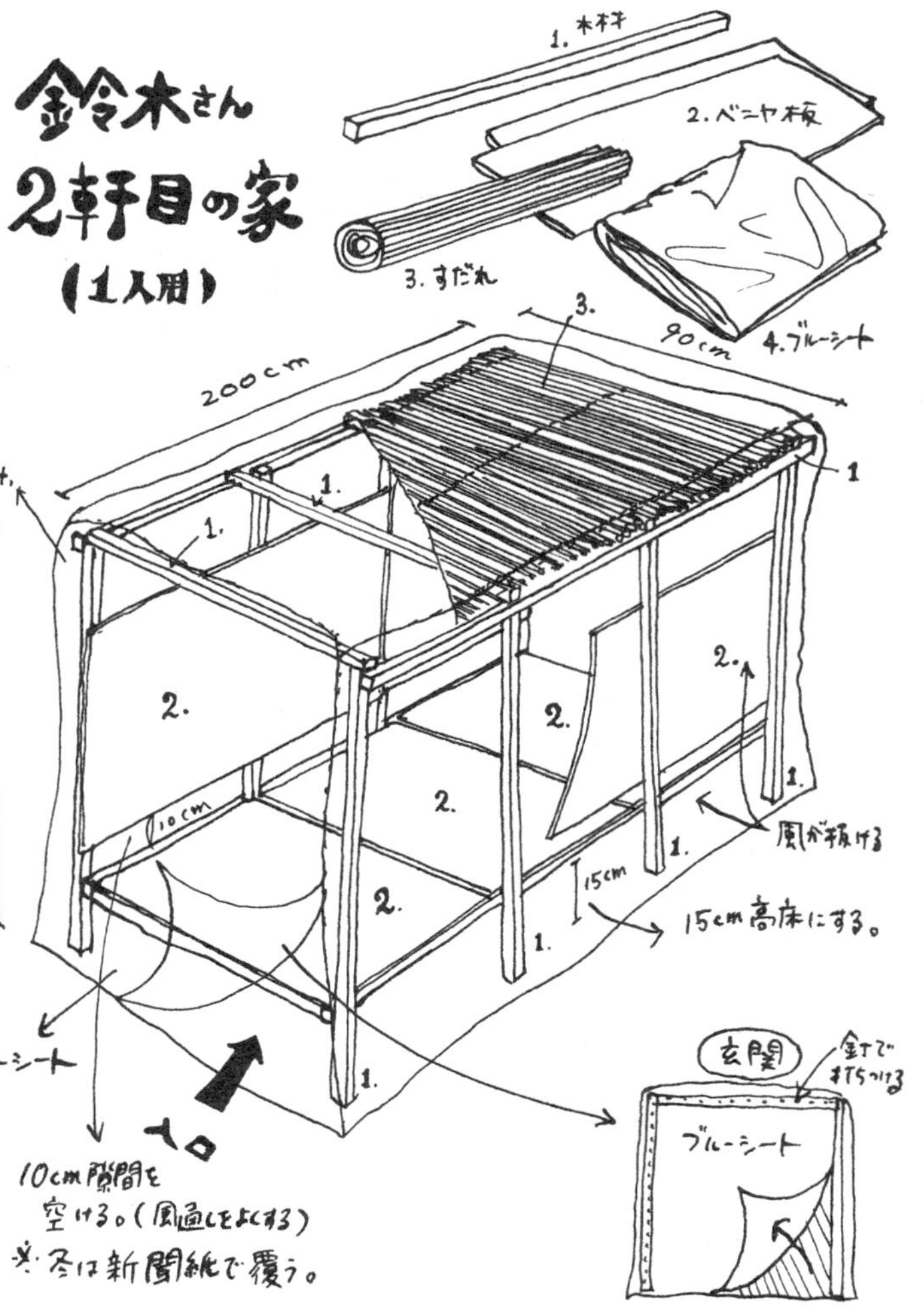
鈴木さん
2軒目の家
（1人用）
1. 木材
2. ベニヤ板
3. すだれ
4. ブルーシート
200cm
90cm
150cm
3.
1
4.
1.
2.
10cm
風が抜ける
15cm
15cm高床にする。
ブルーシート
10cm隙間を
空ける。（風通しをよくする）
※冬は新聞紙で覆う。
玄関
釘で
打ちつける
ブルーシート

とにかく、一度自分でつくってみることだ。

自分の住む場所は、自分でどうにかする。そして、壊れてもタンコブができるぐらいの家に住む。これこそが、人間の巣の根源的な姿である。

改良され、進化した隅田川の鈴木邸で、酒を飲みながら家の中を眺めると、見た目には狭いかもしれないが、鈴木さんがこの家に惚れ込み、ぜったいの自信を持っていることに納得してしまう。この家は何が起きてもぜったいに壊れないし、どんなところにも運ぶことができる。なにより本能的に心地よい。

これこそ人間の住む場所なのではないか。ぼくにはそう思えてしかたがないのである。

多摩川のロビンソン・クルーソー

その後、ぼくは、東京二三区内の多摩川河川敷にて、路上生活者という枠組みを越え、自らの力で都市から独立して生きている、本質的な意味での都市型狩猟採集民と出会った。

ぼくは、彼のことを多摩川のロビンソン・クルーソーと呼んでいる。

都市機能から隔離した自給自足生活を送りながら、科学的な検証も行い、さらに生活を改良していく。未来の都市型狩猟採集生活が、まさに今、目の前で実行されていた。

ロビンソンと話をすると、人間というものは本来システムに縛られず、独自の選択で生きることのできる生物だったことに気づかされる。

初めて会った日、彼は、まるでぼくが話を聞きにくることを予期していたかのように、彼の人生と、生活の実践方法について語ってくれた。

以下はその記録である。

「私は今年で六九歳。多摩川河川敷で暮らしはじめて、もう一五年以上になります。

もともとは一軒家に犬三匹と暮らしていました。ところが、その家が取り壊されることになり、立ち退かなくてはいけなくなった。いろいろと物件を探してはみたんですが、犬三匹を飼えるところがなかなか見つからず、あっても家賃が高い。どうしようかなと考えて、やむなくテントと家財道具一式、それから犬三匹と一緒に多摩川へ行きました。それがすべての始まりでした。

どうして多摩川へ行ったのかというと、当時、廃品回収の仕事をしていたんですけど、そのとき多摩川に住む人たちとよく会っていたんです。それで彼らの生活の模様をよく知っていたので、多摩川へ行ってもどうってことないと思ったのです。

実際に住んでみたら、緑は多いし静かで、すぐにここが気に入りました。周りに知り合いがたくさんできたので、とくに寂しいということもなく、自分にとっては居心地のよい場所となりました。

テントで暮らしながら、リヤカーを引いて解体現場などを少しずつ回って、家の材料を集めていきました。大工道具も、ほとんどは捨てられていたのを拾ってきたものです。もちろん拾えないものは買いましたけど。

最初、家のつくり方は何もわからなかった。大工の手伝いをしてはいましたが、今の大工というのは、カットされてきた材木を組み立てるばっかりだから、ゼロから家を建てることはできないんですよ。だから人から聞いたり、実際に多摩川河川敷につくられている巣をあちこち見たりしながら、見よう見まねで自分の巣をつくりました。

多摩川は年に数回、大雨や台風のときに増水してしまうので、とくに土台には気を使わないといけない。私は杭を打ってその上に巣をつくっています。一五年の間に三

すけどね。回建て替えているけれど、一回も流されたことはありません。もちろん、浸水はしま

東京にいるにもかかわらず、自然と一体化した生活をしています。

柿、栗、梅は、今では毎年どれも実がなります。といっても、ただ育てているわけではありません。柿の木も、放っておくだけではよい実がならない。太陽に向かってパラボラアンテナのような形になるように枝を切っていくのです。これでまんべんなく光が当たるので、しっかりとした実ができる。竹の苗も植えて一五年が経ちますが、今では竹林となって、鳥たちの憩いの場になり、春には筍《たけのこ》が採れます。

また、竹を使って釣り竿をつくり、釣具屋に売っています。五万円くらいで買い取ってもらえることもあるんですよ。椿も植えて、花が咲いたあとにできる種を湯がいて潰し、椿油をつくったりもします。ビワも種を植えてから一〇年以上経っていますが、毎年相当数の実がなります。

冬の間は、自分でお酒もつくります。スーパーで麹《こうじ》を買ってきて、米を四合炊く。少し水を入れ、そのあとに麹を入れて、場合によってはイースト菌も入れます。それらをかき混ぜ、蓋をしておく。一週間も置いておけば、おいしいどぶろくができあが

ります よ。

畑を耕し、そこでは菜の花、きゅうり、トマト、モロヘイヤ、さやえんどう、つるむらさき、小松菜、にんにく、たまねぎなど、多くの野菜を育てています。うちのにんにくを食べたら、他のものは食べられませんよ。筍ができる頃には、近所に住む主婦たちがやってきます。みなさん、ここで採れる筍を食べたら、もうスーパーで買ったものは食べられないと言ってますね。

種や苗から育てるわけですから、完全に無から有をつくり出しているわけではないですけど、やはり育てるという作業は私にとって大きな喜びです。さらには、ここには自生の野草が無数に存在しています。浜大根という自生の大根もあるんですよ。横の敷地に家を建ててあげた隣人なんて、野菜はほとんど自生のものだけを食べていて、買っていないんじゃないかな。ヨモギ、クコの葉っぱなんかも、日陰で風干しして、乾燥させて、お茶にしています。

じつはほとんどの野草が食べられるんです。終戦直後には、多摩川の野草をみんなが食べきって、草がまったくなくなったらしいですからね。

私は毎日、自然からいろんなことを教わっています。人間には、自然に同化できる人と同化できない人がいる。同化できるというのは、ある種の能力だと思います。

もちろん、自然相手の作業は、成功ばかりではない。失敗も多く体験するわけです。そのときに、ああでもない、こうでもないと試行錯誤をする。そうやって少しずつ、こいつは今何がほしいのか、どうしてもらいたいのか、と考えるようになる。そういう意味では、この多摩川の自然の中で生きさせてもらっているという意識でいます。精神的に落ち着くことができる生活だと思います。

何といっても、ここは都心に比べて格段に酸素が多い。純粋な酸素に囲まれているだけで、健康的な生活を送ることができるんです。

でも、今の子たちはすべて人工物でできている場所で育っているので、本物の自然に囲まれたら、逆に落ち着かなくなるのかもしれないですね。一番いいのにねえ。自然は危険がいっぱいだと思っているかもしれないけど、コンクリートジャングルのほうがどれだけ大きな危険があるか。空気は汚いし、暴漢はいるし、それから車やら電車やら、大変な凶器が走っている。山にいるのは動物だけですからね。その動物だって、一番怖いのは人間なんですから。近寄ってきませんよ。

多摩川の土は肥沃だと思われているかもしれませんが、すぐ近くに海があるので水質の塩分濃度が高く、農業に適している土壌ではありません。なので、ちゃんと塩分濃度を測定する機械を買ってきてチェックしながら、どんな土づくりをすればいいかを研究しています。農業は総合科学なので、常に科学的な観点から考えていく必要があるんです。塩分濃度が高いということはアルカリ性になっている。さらにそこに酸性雨が降る。その具合を考えて、肥料をあげるんです。

肥料は買ってくるものもありますが、一番いいのはやはり下肥です。つまり人間の排泄物。私の家のトイレは白いポリバケツです。そこに用を足して、数ヵ月間発酵させる。そうすると完璧な肥料ができあがります。昔はどこの家庭でもやってたんですけどね。それを、私は今でも東京のど真ん中で実行しているわけです。

小便も宝焼酎の紙パックの中に入れて、これまた発酵させておきます。発酵させずにそのままそこらへんで用を足してしまうと、排泄物には殺菌作用があるので、植物を枯らしてしまうんです。ところが紙パックのなかで一ヵ月ほど発酵させると、一転して植物の肥料になるわけです。

つまり、うちのトイレは都市のインフラから完全に独立しているんです。自然によってつくられたものを、すべてもう一度自然に還しているわけです。下肥で作った野菜は、スーパーで売られている野菜とはまったく味が違います。

屋根には雨樋《あまどい》を取り付け、その先に茶漉《ちゃこ》しをつけています。そうやって雨水を濾過し、寸胴《ずんどう》に貯めているんです。それ以外にも拾ってきた鍋、バケツ、炊飯器のジャーなど、いろんな容器を外に置いています。飲み水以外の生活用水、畑にやるための水などには、それらを使っています。貯水タンクを持っているので、かなりの量の水を貯蔵しておくことができるんです。

水といえば、朝方、植物の葉の上に溜まっている朝露は、ぜひとも一度飲んでみてほしいです。昼は暑くて蒸発してしまいますが、夜になって気温が下がると水分は蒸発せず、朝方になって溜まって出てくる。これは完全に濾過された水であると同時に、植物の体内を通過する際にその栄養分も吸収していて、おいしいんです。これがどういうことかというと、たとえ天変地異が発生して、都市の水道機能が断たれたとしても、飲み水を手に入れる方法はいくらでもあるということです。

じつは植物というのは、他にもいろんな効果を人々に与えています。そういったことに気づくのはとても大切なことだと思います。三月から六月頃にかけては、新芽から青葉アルコールという成分が発生している。だから人は緑の中にいるだけで気分がよくなるんです。春になると山や森に行きたくなるのも、そういう効果を求めている

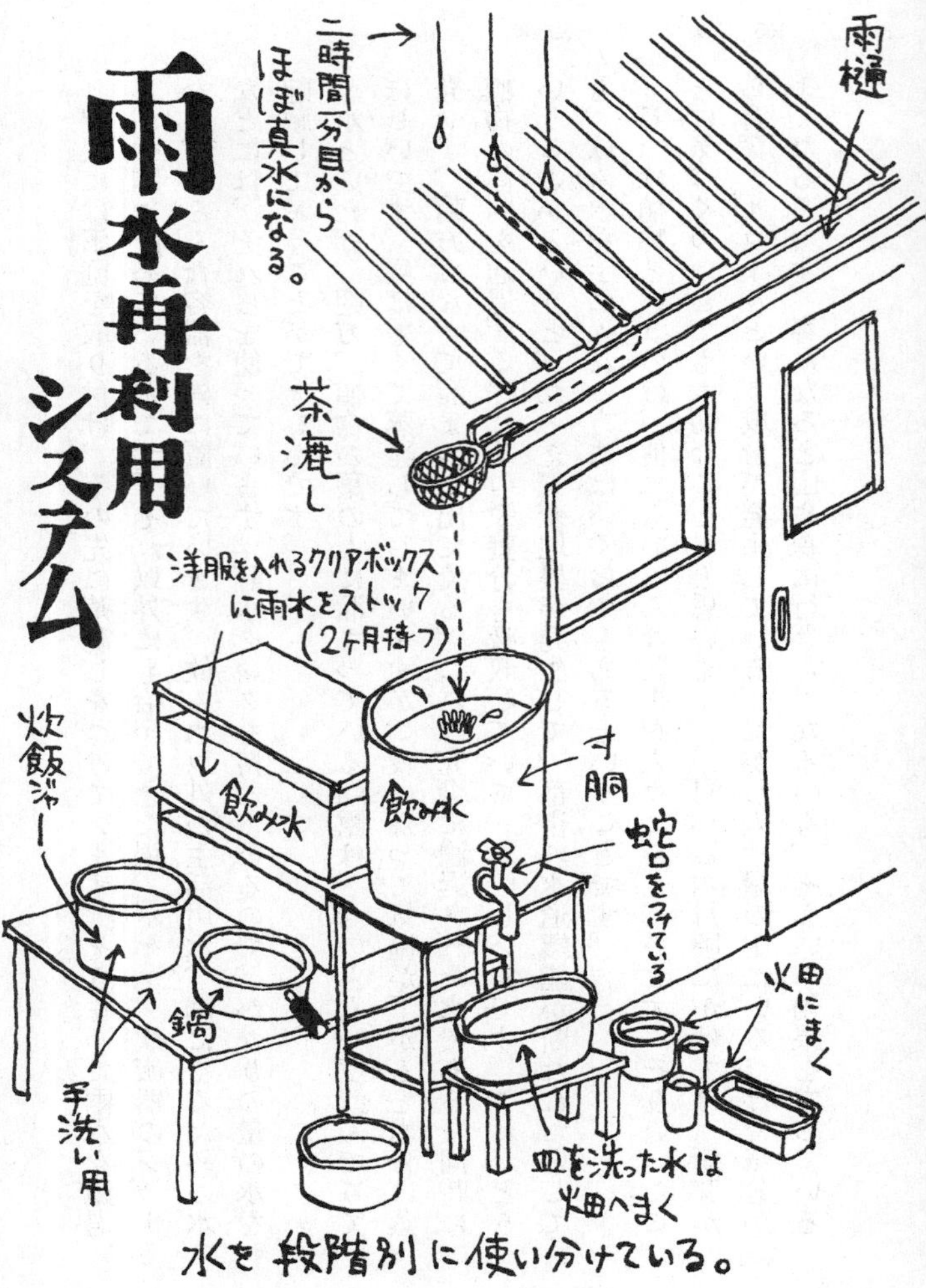
雨水再利用システム
二時間分目からほぼ真水になる。
雨樋
茶漉し
洋服を入れるクリアボックスに雨水をストック（2ケ月持つ）
飲み水
飲み水
寸胴
蛇口をつけている
炊飯ジャー
鍋
手洗い用
皿を洗った水は畑へまく
畑にまく
水を段階別に使い分けている。

からだと思うんですよ。

目の前に建っている多摩川沿いのマンションなんかを見てると、思うんです。せっかくベランダがあるんだから、もっと多くの人が少しでも植物を育てることをすれば、どれだけ酸素の量が増えるかと。屋上庭園のあるマンションもずいぶん増えてきましたけどね。せっかくの立体的な建物なんだから、屋上だけでなくベランダも使って、そこで暮らしている人たちが生活の中で緑化を進めていけばいいんじゃないかと。


廃品回収をしているので、私はさまざまな電化製品も持っています。テレビ、電子レンジ、さらには冷蔵庫もあります。

電化製品は二台の発電機を稼働させて利用しています。部屋の灯りにも蛍光灯を使っています。もちろん、冷蔵庫などは一日中使うわけにはいきませんが、いつもは収納として使い、ビールを冷やしたいときなんかには電源を入れて、三〇分間ほど冷凍庫に入れておきます。これで、しっかりと冷えます。

発電機はガソリンをかなり使うので、ガソリン代が一ヵ月で一万円を超えてしまうこともあります。ただ、自分に必要な分だけ使えるという点で考えるとこちらのほうが効率的です。発電機が稼働しているときは、同時に一二ボルトの自動車用バッテリーにも蓄電しているので、夜寝る前の寝室の電灯などは、このバッテリーにつないで使っています。

このように、東京でも、都市のインフラに頼らず生活ができるのです。

かといって、私は完全に周りと遮断された生活を送っているわけではありません。冬場、洗濯ものが溜まればコインランドリーに行きますし、スーパーマーケットで食材を買ってくることもあります。それでも、自分でできることは全部自分でやってみるという方法をとっているのです。

こういった生活は、何も急にできたことではありません。子供のときからの体験、記憶、さまざまな仕事での経験、そういったことを総合して組み合わせながらやっているんです。

年に何度か起こる洪水も、経験を重ねるうちに今ではほとんど予想ができるようになりました。普通に雨が降るだけでは増水しませんからね。増水するのは、上流にあるダムが放流したときなんです。つまり、どんなに雨が降ったとしても、それまで晴れが続いていてダムの水が少なければ大丈夫。だから私は、いつもダムの水が今どんな状態かを想像し、さらに潮の満ち干きや、雨の降り方も結びつけて総合的に判断しています。

天気予報も自分でします。天気図だけを見ていてもダメなんですよ。外へ出て、空を見て、空気を肌で感じて予報しないと。そうすると二、三日くらい先までの天気ならわかるようになります。

万が一、浸水してしまったときには、電化製品も本も何もかも濡れて、泥を被ってしまいます。それでも、なかなか壊れないものですよ。電化製品は濡れたらすぐ故障すると思っているかもしれないけど、濡れているときに使用しなければいいだけ。ちゃんと乾かして、中に入り込んだ泥を取って掃除してあげれば、また使えるんです。濡れた本も、インクに糊が着いているので全ページくっついてしまうんですが、それをまた濡らして一ページずつゆっくりはがして乾かせば、元に戻る。これはちょっと面倒くさいですけどね。

何でも簡単に捨てることはないと思うんです。とはいっても、『捨てる神』あっての『拾う神』なわけですけどね。

私がやっていることはリサイクル生活なのかもしれません。解体された廃材で家をつくり、野菜を育て、それを料理し、降ってきた雨水を貯め、手を洗い、食器を洗い、畑に水をやる。排泄物は溜めて肥料にし、生ゴミは木の近くに捨ててこれも肥料にする。ゴミ置き場、解体現場に捨てられているものを拾ってきて、生活の糧にする。もちろん、誰のものでもない土地に住み着くのは許されることではないけれど、一方で、こういった生活が、むしろこれから重要になってくるのではないかとも思っているんですよ。

じつは、私は食糧問題に取り組んでいきたいんです。といっても、土を使った農業とは違うんです。今、興味を持っているのは、海なんですよ。すべての生物の起源である海に、私は可能性を感じています。

海水は塩分ですから、本来、農作物をつくるにはまったく適していないんです。多摩川の土が、塩分濃度の高さゆえに肥沃じゃないようにね。でも、よく考えてみれば、海中でも海藻が育っているじゃないですか。それはなぜか。海藻には、塩化ナトリウムを分解する能力があるんです。だから、海でも育つ。ならば、もしも野菜にその力が備わったとすれば、土がなくても海水で育つかもしれないじゃないですか。

これはまだ実現していない。しかし、私はそういうことが三〇～四〇年後には実現するんじゃないかと考えています。進化論を信じるならば、野菜に海水を与えていけば、次第に分解するようになるんじゃないかと。将来、海の中でほうれん草なんかが育っていたら、また新しい食糧の希望が見えてくるはずです。

私は、今までやってきたことにもう十分満足しているんですが、そんな新しい試みだったら挑戦してみたいと思うんですよね。今まで生きてこられたことに対して、自然、人類に対して、私は恩返しがしたいんです。多摩川の河川敷で、そんなことを考えながら、日々忙しく暮らしています」

ロビンソンは、自分にしかできない方法で、自らの頭脳をフル活用している。一つのことだけに専門的になるのではなく、あらゆる物事に対して等価の視点、興味を抱き、持ちうる技術、思考を総動員し、独自の生活を獲得している。これこそ、人間にとって未来の希望ではないか。

東京という、完全に管理されていると思われている大都市でも、土地という呪縛から解き放たれ、商品化された家という妄想を剝ぎとり、ブラックボックス化している水道・電気・ガスなどの都市機能とは別のインフラを入手し、自給自足を行い、独立している人間がいる。

その生活は、資本主義とは異なる、別の経済観念によって成立している。つまり、自分にはどれぐらいのエネルギーが必要なのかを把握し、その分だけを自らの手で手に入れるという考え方である。そこには過剰も不足もない。あるのは、頭の中で蠢《うごめ》く創造的な思考という過剰だけだ。

人間の思考に、「エネルギー保存の法則」はあてはまらない。思考すればするだけ、人間は無限に創造的な生活をすることができる。そこには、私利私欲を越えて社会をよくしようと試みる芸術家の、本質的な仕事を見ることができる。

根源的な意味で家を建て、生活を行い、自分にしかできない仕事をするということ。それはすべての人間に与えられた可能性であり、かつ、すべての人間は芸術家であるということの証明となるだろう。

代々木公園の禅僧

荒川と多摩川だけではない。さらに取材を進めるうちに、ぼくはついに究極の都市型狩猟採集民を見つけてしまった。

ある快晴の日、代々木公園を散歩していた。芝生に少し寝転がったあと、ふらりと公園の奥へ歩いていくと、ひとりの男性がぽつんとケヤキの木の横に座っている。地面にブルーシートを敷いているだけの彼にはまったく悲壮感が感じられず、むしろ安心感すら漂わせていた。そのどこか悟りを開いたような雰囲気が気になり、話しかけてみた。

驚くべきことに、彼はその場所に二年以上暮らしているという。横にはカートがあり、彼の家財道具のすべてが乗っている。それだけである。いったいどうやって暮らしているのだろうか。

「家はいらないんですか？」

「いらないよ。だって今日は晴れてるじゃないか。空気に触れていたほうが気持ちいいよ」

「でも、雨の日はどうするんですか？」

「雨の日は渋谷区役所の地下か、都庁の地下にいるよ。それで十分」

「でも冬は寒いでしょう？」

「それがね、公園に座っていたら、教会の人が毛布をくれるのよ。それを着て寝れば全然寒くないよ。もし足りなかったら、もう一枚くださいって言えば、もらえるしね」

なんと家も建てずに毛布だけで十分に冬を越せるというのだ。おまけに、彼は一円も持っていない。たまたまではない。路上生活を始めた二年前からずっとお金を手にしたことがないそうだ。当然、財布も持っていない。

「アルミ缶を拾ってお金を稼いだりとかしないんですか？」

「あー、あれみんなやっているよね。でも、ぼくはやらないのよ。ぼくがやったら、他の人が稼げなくなっちゃうでしょ」

「それじゃ、生活していけなくなるんじゃないですか？」

そう聞くと、彼は驚くべき言葉を口にした。

「私は0円で生きていけるのよ。だからお金はいらないわけ」

お金がいっさい必要ないという人物に、ぼくは初めて出会った。これは究極の都市型狩猟採集生活である。

さらに詳しく話を聞いてみることにした。

「あなたも調べているんだったらわかるでしょ。0円でも生きていけるのが」

「はい。でも、それだけじゃ、やっぱり満足できないんじゃないですか？」

「いやいや、むしろ毎日お腹いっぱいだよ」

「食事はどこで手に入れているんですか？」

「食事はね、代々木公園の前で毎日、ホームレス支援団体がおにぎりを二個配っている。それに加え、週に三日、教会の人が伝道と一緒に行っている炊き出しで、パンを数個くれる。さらに週に一度、新宿中央公園でどんぶり飯が出る。それでもうお腹いっぱいだよ」

「おにぎり二個で、ですか？」

「そう、人間ってのは、余計に食べすぎなんだよ。だから、病気になっちゃうわけ。本当はおにぎり二個でも十分なんだよ。私の場合は、おにぎり二個で、二日持っちゃうからね。しかも、そのおかげで、健康的になっちゃったから。こんなによいことはないよ」

　彼はもらった食事を、代々木公園に集まってくる鳥たちに分けてあげている。肉はほとんど食べず、ベジタリアンらしい。路上生活を始めてからというもの、風邪一つひかないそうだ。

「清潔にしてないと病気になっちゃうから、毎日、公園の水を使って身体を洗っているよ。石けんもシャンプーも炊き出しに行ったときに、ついでにもらえるの。服もそこでもらえる。もちろん、ゴミ置き場から調達することもあるけど。今、履いている靴は教会でもらったもの」

代々木公園の禅僧
財布は持ってません
お金が必要ないんですから
家もいらない。
野宿で十分。
木を見るのが趣味
ケヤキ
教会でもらった
新品のアディダス
おにぎり2個で
2日持つ
鳥のエサも
拾ってくる。

そう話す彼の足元の靴は、新品のアディダスである。本当に0円ですべてを手に入れているのだ。寝袋までもらえるらしい。

必需品はすべて炊き出しのときに手に入る。肉も食べず、酒も飲まず、タバコも吸わず、性欲もないらしい。そういう欲はあんまり持たないほうが健康的になれるよ、と言う。

「でも、病気になったらどうするんですか？」

「そのときは区役所の福祉課に行きます。そうすると、症状に合わせて病院を紹介してくれるから。もちろんタダ。ときどき炊き出しの現場に医者が来ているときもあるしね。とにかく、病気になっても何も心配がないんですよ。お金という概念は必要ない」

聞きながら、ぼくは驚きを隠せなかった。これは本当に画期的なことだ。ぼくがこの本で書こうとしている都市型狩猟採集生活を、純粋なかたちで実行している人間がいたのである。

彼は満面の笑顔で語ってくれた。

「本当に幸せだよ。ここには、鳥たち生物もたくさんいるし、植物もたくさん育っているからね。それを眺めているだけで、心が落ち着いて気持ちよくなる。公園の周りでは、若者がよく音楽を演奏しているしね。そういうのも自分の娯楽として楽しんでいます。ホームレスっぽい恰好をしていれば、こうやって、0円で幸せな生活が送れるんだよ。あんまり人には教えたくないけどね」

「しかし、本当に0円で余裕のある生活ができるとは……夢のような話ですね」

「うん、こんなこと、社会主義の国ではぜったいできないよね。みんな等しく働かなくてはいけないんだから。これは資本主義だからこそできるんだよ。自由経済の社会だからこそ、お金を一番重要なものだと信じ込み、お金持ちと貧乏人というヒエラルキーができあがる。すると、貧乏人はかわいそうだってことで、助けてくれる人が出てくる。自分がヒエラルキーの中に入ったままだと、貧乏がコンプレックスになって、絶望してしまうかもしれない。でも、そのヒエラルキーから自由になった人にとっては、すごく楽なの。まあ、たいていの人は世間体とかを気にしちゃうから、こんな生活できないだろうけどね。でもね、この完全無職0円生活には束縛がない。代わりに完全な自由があるの。この生活を送ることは、自分の使命だと思ってやっています」

話を聞いていくうちに彼は饒舌になり、独自の言葉で、自分の状況と生き方について語ってくれた。

彼と出会ってぼくの得た確信を、ここに記す。

都市型狩猟採集生活は、今すぐに実行できる現実的な生き方である。

都市型狩猟採集生活の目的

都市型狩猟採集民たちと会話をして、非常に印象的だったことがある。それは、彼らが働くことに積極的であるということだ。

自分が社長みたいなものだから、いつ休んでも誰にも怒られないのであるが、それでも彼らは朝早く起きて、働くのである。もちろん、働かないと生きていけないからでもあるが、それ以上のモチベーションがぼくには感じられた。彼らは仕事が楽しいのである。

自分でさまざまなアイデアを考え、他人と差別化をはかり、独自の仕事の方法を見つけ出していく。その技術は日に日に向上していく。向上心はすべてに勝るモチベーションとなる。都市型狩猟採集生活は、人間の生きる意欲を無限大に引き出すのである。

ニートやひきこもりの人々は、ぜひ一度、路上のおじさんのところに修業に行ってみるといい。自分ひとりで、自分のための仕事をつくることができる、ということを実感できるはずだ。

そんな彼らが、既存の流れ作業のような日雇い仕事をしたところで、シナプスが活発になるわけはない。そこには思考の余地がないからだ。自分で決断をし、その決断が即結果に結びつく。結果が直接自分に跳ね返ってくる。そういった経験こそが、彼らを創造的たらしめているのである。

まず、会社勤めをする前に、路上の先人たちから学ぼうではないか。もちろん、中にはいろんな人がいて、騙されてしまうこともあるかもしれない。しかし、ぼくが自分の経験から得たのは、どんな人でも安心して本心から話をすれば、何でも丁寧に教えてくれるということだ。

ぼくが繰り返し言う都市型狩猟採集生活というのは、ただの路上生活のことではない。最終的な目標は、自分の頭で考え、独自の生活、仕事をつくり出すことにある。既存の生き方は一度横に置いておこう。法律で認められていることすら一度疑って考えてみる必要がある。もちろん違法行為をしたら、この社会では捕まってしまう。しかし、違法行為にならないように距離を取りながら自分なりの本質的な生活を見つけるという作業は、現代の冒険といっても過言ではない。

それでもよくわからないというのなら、ぼくがきみを彼らの家に連れていく。そこで実際にやり方を見てみればいい。だいたい今、本質的な生活を教えてくれる場所がどこにある？　親や教師たちに聞いてみたところで、自力で生きていく方法を身につけている人なんてほとんどいないだろう。みんな、大地震に遭っても慌てふためいてしまうだけだ。そして、何もすることができず絶望に打ちのめされてしまうだろう。

もし本当にそんなときが来たら、多くの人が隅田川や多摩川に駆け込むのではないか。密かにぼくはそう思っている。極限状態では法律どころじゃないのである。そんな状況下で、許可されていない場所に住んでいるからといって誰も非難はしないだろう。現に、二〇〇八年末に派遣村ができたとき、違法行為だと言って追放しようとした人がいただろうか。実際には政治家までもが、あの状態を認めていたのである。

極限状態になる前に、きみにも一度考えてみてほしい。ぼくらに、何もない状態で生活していく技術がはたして備わっているのかを。それは、乾パンや水を備蓄することよりも、重要なことである。

ここまで読んでくれたきみは、都市型狩猟採集生活を送るための思考法を手にしたはずだ。すでに実践している人がいることも知ってもらえただろう。

高い解像度で都市を見ることができるようになったきみは、社会のルールを何一つ変えることなく、文句一つ言うことなく、独自の生活をつくり出すことに成功する。人工物で固められたコンクリートジャングルだと思い込んでいた都市が、今では、資源豊かで可能性に満ちた新しい世界として、目の前に現れている。

きみは二一世紀の狩猟採集民となる。都市を駆けぬける遊牧民となる。

社会システムは、いくら変化させてもまた同じ循環を繰り返し、人間を苦しめつづけるだろう。それよりもまず、きみの精神、視点、創造性を変革させるのだ。そこにこそ、希望が隠されている。

〈都市の幸〉で暮らすことは、きみが起こすことのできる、唯一の革命なのだ。

6 都市を違った目で見る

都市型狩猟採集生活を理解したきみが行うべきこと。それは、自分自身の視点で都市の中に隙間を見つけ、新たな資源を探し当てることである。

ここまで話してきたことは、一つの事例にすぎない。都市には、人それぞれの見方によってさまざまな階層《レイヤー》が存在する。多様な階層《レイヤー》を見つけ出すためには、高い解像度の思考を持つことが求められてくる。解像度を高めれば、限りある都市という空間が、無限大の可能性を持つ世界に一変するはずだ。

最後の章では、ぼくがいかにして「都市型狩猟採集生活」という思考に至ったのかを説明することで、都市を違った視点で捉えるためのいくつかの方法を提示してみたいと思う。

机の下の空間

ぼくは九歳ぐらいのときに、初めて自分のための家をつくっている。まあ、家といっても、そんなたいそうなものではない。場所は自宅の部屋。三人兄弟だったぼくは、六畳一間を子供部屋として与えられていた。ところが、三人で六畳間は狭い。自分だけの空間がないことに耐えられなかったぼくは、どうにかして、自分の巣となる家をつくれないかと考えた。

材料は、ぼくの愛用していた学習机だ。机の天板に画板を屋根のように架け、イスを柱にして、机の下に人が入れるような空間をつくった。そこに、布団を敷き、イスの座面をテーブルに見立てた。そこで食事をし、机の下で眠った。まるで動物が巣の中にいるように布団に包《くる》まっていたのを覚えている。

何の変哲もないアパートの一室にある学習机は、僕の目にだけは、家に変化した。家の中（つまり机の下）から見た風景は、今までの子供部屋とはまるで違っていた。同じ空間であっても、自分の視点を変化させるだけで、まったく違う世界が現れてきたのである。

学習机の巣
コクヨの学習机
毛布
画板
食事
螢光灯
椅子
布団

暇さえあれば、机の下に家をつくろうとするぼくに、両親は「建築家になれ」と言った。こうしてぼくは、「建築家」という言葉と出会った。

それから歳を重ね、まんまと大学の建築学科に入学したぼくは、しかし、迷ってしまった。

建築家という仕事がぼくの想像していたものとは大きくかけ離れていたのだ。人間にとっての根源的な巣のような家をつくりたいと思っているのに、そんなものをつくっている建築家はいなかった。授業では、わけのわからない巨大な建築物を設計しろといった課題ばかりが出される。周りの学生たちは何の疑問も持たずに、それらの設計図や模型を提出している。しかし、ぼくには、それが意味のあるものとは思えなかった。

すでに建物はつくられすぎている。これ以上新しい建物をつくっても仕方がないではないか。それよりも、今、建っているもののうち、まったく使われていないものを転用したほうがいいのではないか。人が見捨てた場所へ、住み込んでしまえばいいのではないか。

幼い頃につくった学習机の家がぼくの頭をよぎった。あれでいいはずだ。重要なのは、思考を転換することだ。それをせずに、新しいモノをただつくり、手に入れようとするのは、自分の中の創造性をまったく使っていないのと同じことではないか。

それに対して、何かぼくなりの方法で新しい見方を提示することができないものか。

そんな思いを抱くようになった。

そんなときに、街で一つの廃墟を見つけた。

渋谷区の外苑西通り沿いにあった公営団地が、使われないまま放置されていたのだ。東京の一等地に見つけたエアポケット。ぼくは興奮してしまい、網を乗り越え、その敷地に忍び込んだ。廃墟となった団地を見上げてみると、屋上にあるものが見えた。貯水タンクだった。

どんな建物の屋上にも置かれている貯水タンク。普段であれば、ただの設備にしか見えないはずであるが、ここは廃墟。水の入っていないその物体が、何やら不思議なものに見えてきた。よく見ると、人がひとり入るのにちょうどよい大きさなのだ。

またもや、ぼくの脳裏に学習机の家が浮かんできた。

屋上に登って、貯水タンクの蓋を開けてみた。やはり水はなく、ただ空間が広がっていた。誰も気づいていない都市の隙間を、見つけてしまったのである。

ぼくは発電機をレンタルしてきて、そこに数日間棲み込んだ。

今思うと、あの貯水タンクはまさしく〈都市の幸〉であった。人は貯水タンクだと思っているかもしれないが、水のない貯水タンクは人が住むのにうってつけの空間なのだ。

人は、既存の家しか住むための場所として認識しないので、こんな空間には気がつかない。気づいたとしても、住むことはない。しかし、家に対する固定観念を捨ててしまえば、都市には人が住むための空間が無数に転がっているのだ。

このことは、ぼくに大きな希望を与えた。狭苦しい空間だと思っていた東京という大都市が、突然、無限の可能性に満ちた場所に見えてきたのである。

そもそも都市が狭苦しいのではなく、それを捉えるぼくらの思考が狭いだけなのだ。思考を解放すれば、もっと自由に生きられるのではないか。貯水タンクに寝転がりながら、そんなことを考えつづけていた。

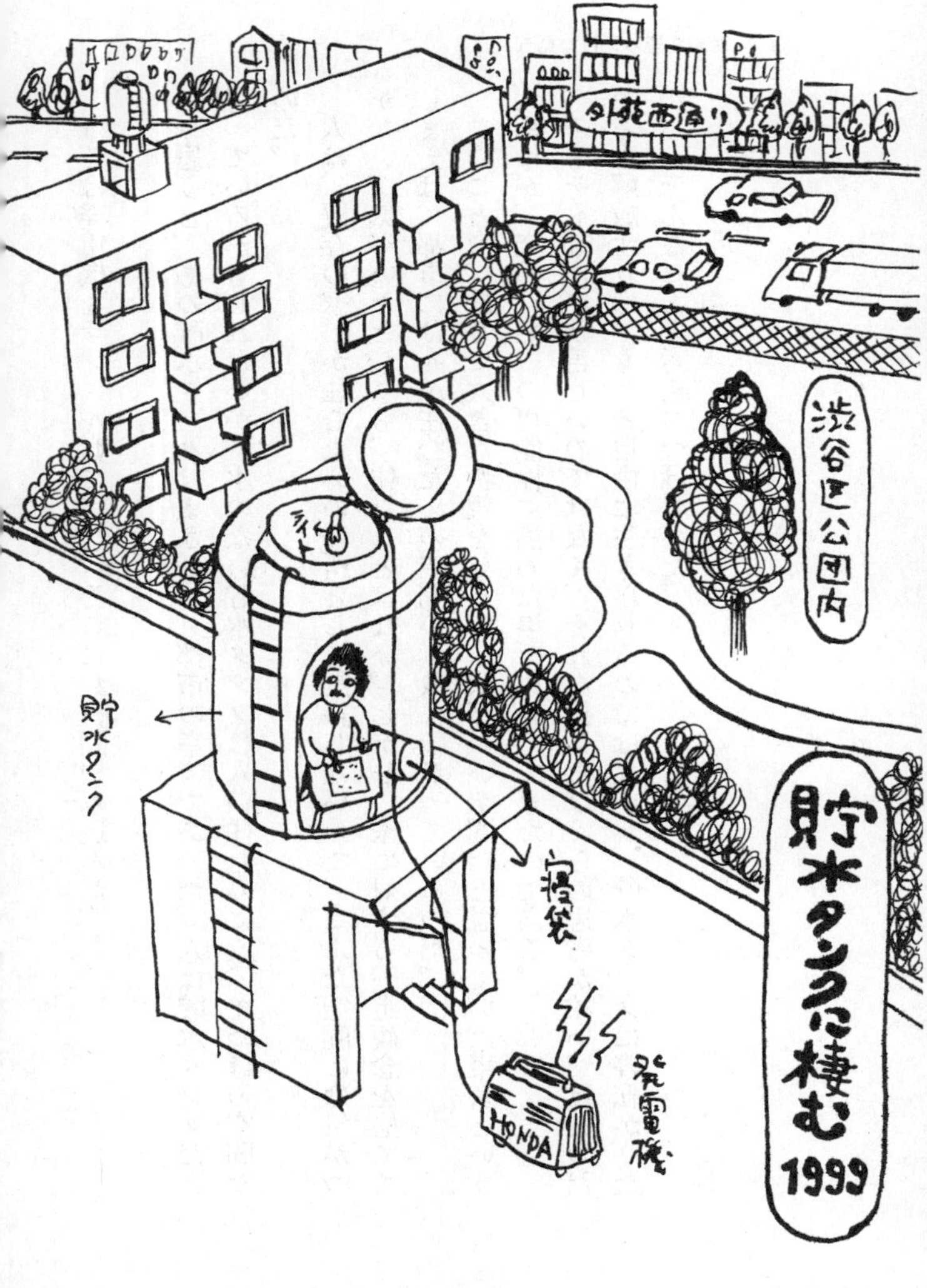
外苑西通り
渋谷区公園内
ライト
貯水タンク
寝袋
HONDA
発電機
貯水タンクに棲む
1999

六〇年代カルチャーの衝撃

あいかわらず大学の授業には関心を持てなかったが、そんなぼくにも指針となるような存在ができた。一九六〇年代のカルチャーである。

六〇年代カルチャーに関する本を大学の図書館で読みあさった。そこにはぼくが感じはじめていた都市に対する新しい見方の萌芽のようなものがあった。音楽と建築と思考と生活を組み合わせて新たなる視点を獲得するための方法論が示されていた。ぼくがやろうとしていることを、ずっと前に実践している先人たちがいたのである。

ぼくはまず、ボブ・ディランの音楽に夢中になった。

そして、ディラン経由でジャック・ケルアックの『路上』という小説に出会った。読みはじめたとたんに衝撃を受けた。驚いたことに、ぼくにとってそれは小説なんかではなかった。そこには、放浪を続ける主人公、サル・パラダイスの身体の運動が詳細に書かれていたのである。身体の動きだけじゃない。彼の頭に蠢く思考、友人たちとの会話、アルコールの濃度、タバコの煙、ジャズの生音、歩く路上の砂利音、横を突っ切る車の音、汚れた服の匂い、仲間が集まるサロンの空間、彼の周辺に散乱している塵や埃までもがすべて等価値に描かれていた。かといって、それはドキュメンタリーでも、記録でもなかった。当然、物語でもなかった。それはまさに、超高感度カメラとマイクによって縦横無尽に映し出されるフィールドレコーディングのようだった。

そこには、確実に、都市を違った目で見るための一つの方法が提示されていた。

さらに、ジャック・ケルアックが影響されたものへと興味を移していくと、ヘンリー・デイヴィッド・ソローという作家に行きついた。

彼が書いた『森の生活』という本は、二〇世紀初頭のアメリカで、人間の根源的な生活が失われてきているという危機感を背景に生まれた。詩人でもあった彼は、友人が持っていた森の中で二年間、完全自給自足の生活を行い、その生活を詩的な表現を用いて詳細に記録して、一冊の本にまとめあげた。その本は、半世紀たった六〇年代、高度資本主義へと発展していくアメリカでもアクチュアルに響き、再び多くの人々に読まれた。

現代の日本に生きるぼくもこの本を読んでみた。『森の生活』は二一世紀においても、いまだに同時代性を持っていた。そう、システムに頼らない生き方の模索は、いつの時代にも行われてきたことだったのだ。

「人間の生活にはいったい何がどれだけ必要なのか」を執拗に記録したこの本は、まさに人間にとって根源的な生活を考えるためのガイドである。彼の行動は徹底して、具体的で、効率的で、実践的。しかも、その文章は詩的である。そこにはハウ・トゥ本を読んだときのような簡潔さと、よい音楽を聴いたときのような心地よさが同居していた。

『森の生活』について調べるうちに、それがある日本の古典文学にも影響を受けていたことを知った。鴨長明の『方丈記』である。

鎌倉時代に書かれた『方丈記』は、もともと良家の出身である鴨長明が栄華を捨て、山に方丈庵という小屋を建て、そこで考えたことを綴った本だ。

そして、この方丈庵、驚くことにモバイル（移動式）ハウスなのだ。簡単に組み立てられるようになっており、また、荷車に載せてどこへでも持っていくことができたという。

『方丈記』の中で彼は、動かすことのできない家に住むことは、合理的な態度ではないと書く。火災で家を失い悲しむ人々を眺めながら、「家は常にそこにあるもの」と思うこと自体が間違っていると考える。壊れて悲しむぐらいであれば、壊れても、すぐに建て直せる家をつくればいいではないか。自分の身体に合った家が一番使い勝手がいいわけで、見栄のために広い家に住む必要などないではないか。この鴨長明とまったく同じ考え方を、のちにぼくは現代の隅田川で聞くこととなる。

また、彼は小川の近くに庵《いおり》を結び、水流の音を音楽として受け取りながら、そこに、自らの琵琶の音を重ねた。つまり、家の中だけではなく、周囲の環境すらも生活空間の一つとして捉えていた。

これは〈都市の幸〉で暮らすための、キーになる考え方の一つである。現代でも、都市型狩猟採集民たちは、図書館を自分の書庫とし、公園を台所やトイレとし、コンビニを冷蔵庫と見立てるなどして実践している。

『方丈記』そのものも、ジャーナリスティックな内容でありながら、読んでいると、まるで音楽のように聴こえてくる。このあたりにもソローは影響を受けたのだろう。言葉は意味を持ちながら、同時に、音楽でもあるのだ。

これはディランの歌のつくり方ともかかわってくる。ディランは詩が先ではなく、曲が先でもなく、音楽として同時に生成されると言った。初めは焦点の定まっていない音の塊なのだが、思考の解像度を上げることで、少しずつそこに隠されている言葉を見つけていくのだという。

音楽にかぎったことではない。物事には常に無数の階層《レイヤー》が潜んでいる。そのことを理解し、高い解像度の視点を持って都市を見ていくことで、何か変革を起こせるのではないか。

物によって埋め尽くされ、圧迫されたかのように見えるこの世界にいながら、自由な感覚で隙間を獲得しようとする方法は、いつの時代でも模索されてきた。先人たちの試みは、時代を超越し、現代に生きるぼくらにも覚醒を促してくれるのである。

建築家なしの建築

さらに六〇年代カルチャーを調べていくうちに、当時アメリカで出版された『ホール・アース・カタログ』という雑誌の存在を知った。

スチュアート・ブランドという編集者が仲間と協力し、独自に編集、執筆、印刷、配本までを行った、いわゆる自費出版の雑誌だ。当時の若者たちには熱狂的に受け入れられたという。

その名の通り、完全にカタログとして使える雑誌である。家、道具、思想、設備といったさまざまなカテゴリーに分類され、それらに応じた本や、道具などの情報が掲載されている。しかも、そのすべてを雑誌から注文することができる。それは単なる商品の通信販売ではない。新しい価値観による生活の在り方を、読者は学びながら購入するのだ。今のインターネットのようなものとも言えるかもしれない。

編集方法にも高揚させられるものがあった。情報を列挙しているだけにもかかわらず、そこにはひとりの人間が、独自の力で生活していくための技術や知識が詰め込まれていた。まるで、その人間の頭脳を、視覚的に印刷したかのようですらあった。そして、同時に、読者ひとりひとりの変革を促す火薬庫のようでもあった。鴨長明、ソローが受け継いできた芽は、ここでも密かに育てられていたのである。

さらに、『ホール・アース・カタログ』によって、ぼくはバックミンスター・フラーとバーナード・ルドフスキーというふたりの異色建築家の存在を知った。

フラーは、最小限の材料で最大限の空間を生み出すドームを設計した建築家だ。

このドームは、それまでの建築の考え方とはまったく異なる発想をされていた。柱、屋根、壁という概念がなく、三角形をつなぎ合わせることで広大な空間をつくり出しているのである。

これはまったく新しい建築空間であった。重いものを下で支えるのが建築の常識だと思っていたぼくは驚いてしまった。こんな建築も存在するのである。

もうひとり、ルドフスキーは『建築家なしの建築』という本を書いた建築家だ。

フラーとは別の方法であるが、この本もまた、建築に関する新しい発想を提示していた。世界各地の建築が紹介されているのだが、それらはすべて、その土地に住む無名の工匠によって、その地域周辺で獲得された材料だけを使い、建てられていた。

ルドフスキーは、建築家によって設計されたものだけが建築と呼ばれていることに矛盾を感じ、その逆の発想で建てられた建築だけを集めてみせたのだ。


このふたりの考え方は、ぼくに大きな影響を与えた。しかし、同時に、彼らの仕事に対し少々の疑問も感じていた。

フラーの考案したドームは当時、相当数つくられたはずであるが、現存しているものはかなり少ない。最小限の材料で最大限の広さが手に入り、構造的にもとても堅牢である。この偉大な建築は世界中に広まり、現在もたくさん残っていてもおかしくないはずなのに、その姿を今見ることは稀なのである。ぼくは、実際にモントリオールにある巨大ドームを見たのだが、それはどこか寂しく建っており、とても人が住むための空間であるとは思えなかった。

つまり、システムを発明するだけでは、人が住む空間をつくったことにはならないのだ。そのことをぼくは知った。

しかし、フラーが本で書いていた別の言葉は、現代にも意味を持っているように思える。

それは「直線というものは存在しない」という一文である。たとえ鉛筆で定規を使ってまっすぐに線を引いたとしても、顕微鏡で見てみればでこぼこした線のように見える。

彼は、止まっているように見えるものでもじつは振動している、とも書いている。彼のつくった巨大ドームも、拡大してみるとじつは細かく振動しており、そのことで頑丈さを保っているというのだ。

微動だにしないものが強いのではない。むしろ、動き続けて変化しつづけるものこそが強度を獲得する。この考え方に、ぼくは強く惹きつけられた。

また、ルドフスキーが『建築家なしの建築』で取り上げたような世界の建築も、現代のぼくの生活にはなかなか結びついてこなかったが、それならば、むしろこういう建築を自分の暮らす都市の中で見つければいいんじゃないかと考えるようになった。

こうしてぼくは、都市の中で、自立しながら振動しつづける建築を見つけてみようと思ったのである。

0円ハウスとの出会い

しだいにぼくは、ある理想の家を思い浮かべるようになった。

それは都市から完全に独立した家である。巨大なものではなく、人間ひとりが暮らすために必要最小限の空間があればいい。それはコンクリートでつくられるのではなく、身近な材料でつくられる。そして、住人によって自力でつくられる。エネルギーは太陽光発電で個別に自給される。

これらが実現すれば、お金がある人間だけでなく、誰もが簡単に自分の家に住めるようになるのではないか。そんなことを考えるようになっていた。

しかし、しょせんは机上のアイデアである。実践することは難しい。この理想の家のアイデアについては、自分の中ではまったく矛盾がないのだが、いかんせん実現可能性が見当たらない。

打つ手を失ったぼくは、貯水タンクを見つけたときのように街を歩いてみた。

どこかにヒントとなるような家はないものか？


そして、出会ってしまったのである。

二〇〇〇年、ぼくは隅田川沿いで一軒の家を見つけた。それは、ぼくの理想を、現実のものとして実践している家だった。

初めは、何の変哲もないただの路上生活者の家に見えた。三角屋根で、周りは他の路上生活者の家と同じくブルーシートで覆われている。しかし、屋根に見たこともないものが設置されていたのである。

それはソーラーパネルであった。

ぼくは目を疑った。路上生活者の家とソーラーパネル。ありえないものが、まるでオブジェのように屋根にくっついている。ほとんど自動的にその家のドアをノックしてしまっていた。

出てきたのは六〇代の男性だった。

ソーラーパネルのことを尋ねると、それが飾りではなく、しっかりと機能していることを教えてくれた。聞けば、秋葉原のラジオセンターで一万円で売られていたという。しかし、ソーラーパネルは三〇センチ四方の小さなもの。これで電化製品が動かせるのだろうか？

ぼくが疑問を挟むと、男性は奥からラジオとCDラジカセと自動車用の小型テレビを持ってきた。それらすべてをソーラーパネルで発電した電力によって動かしているという。電源スイッチを押すと、それらは難なく稼働した。ぼくは、まるでSFの世界に紛れ込んでしまったような気分になった。

彼の説明によれば、ソーラーパネルで発電した電気は、いったん自動車用の一二ボルトバッテリー二台に蓄えられる。バッテリーはガソリンスタンドで廃棄処分されたものをもらってくるのだそうだ。一日、発電をすれば、テレビが五時間ほど連続して見れるという。家の中を照らす電灯も、バッテリーで動いていた。ちなみに、電灯にはバイクのライトが転用して使われていた。

もともとカメラの製造職人だったという彼は、電気に対する知識も豊富だった。

彼が言うには、ぼくらが家で何気なく使っている家庭用の一〇〇ボルト電源でなくても、電化製品は動かせるという。ラジオも、ラジカセも、テレビも、一二ボルトのバッテリーに直接接続すれば動くのである。

都市機能とつながっていなくても、電気を使うことができる。思い描いていた家が、目の前に存在していることに、ぼくは興奮を覚えた。

家自体も、すべて都市から溢れ出てきた「ゴミ」によってつくられていた。つまり、総工費0円である。言うまでもなく、彼自身の手によって建設もされている。

しかし、建っている場所は隅田川沿岸だ。東京都の土地である。追い出されないのかと聞くと、月に一度、一時的に撤去しなくてはならないものの、生活することは暗黙の了解で許可されているという。

つまりこういうことだ。彼は東京の一等地に、自らの手で0円の家を建て、生活をしているのである。

ぼくは彼の家を「0円ハウス」と名づけた。

彼は、都市の中にいながら、独自の方法で、違う階層《レイヤー》を生きている。鴨長明やソローの実践がこの現代でも可能であることを、彼は生きながらに証明していた。

ソーラー0円ハウス in 隅田川

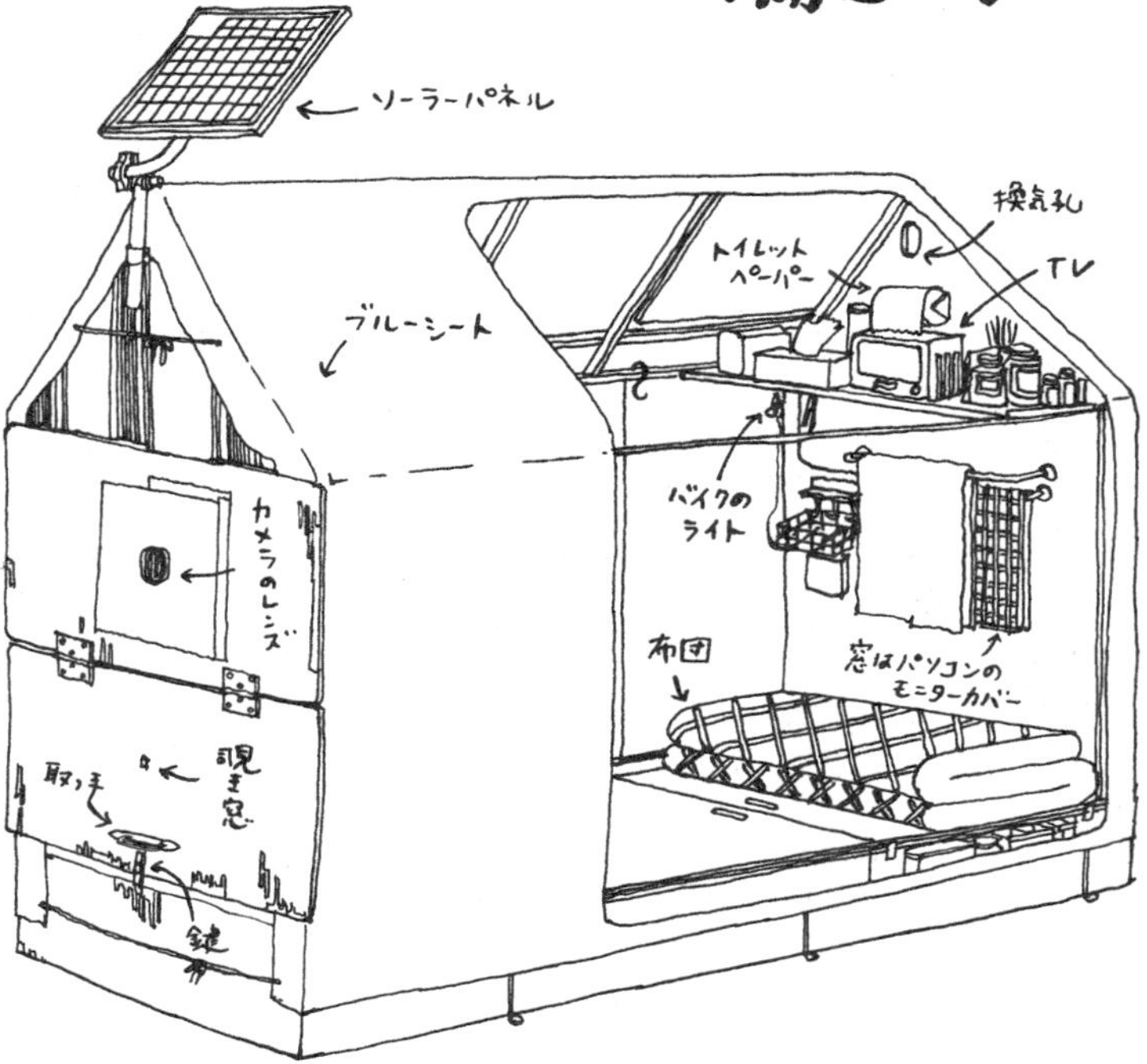

都市を違った視点から見るための方法が、ようやくつかめてきた気がした。

見えない空間を感じとる

路上生活者たちは、ぼくらの見えていない空間を、自分の生活場所として捉えることに成功していた。都市の中に、自分だけの空間をつくり出していたのである。彼らの家はとても小さいが、実際には都市全体をまるで自分のリビングルームのように感じながら生活をしている。そこに広がる無限の空間は、ぼくにひとりの芸術家のことを思い出させた。マルセル・デュシャンである。

彼は見えないけれども感じることのできる空間を、作品の中につくり出そうとしていた。とりわけ「階段を降りる裸体」という絵画作品にそれを感じた。のちに彼が生み出した「レディメイド」というコンセプトの作品にはほとんど興味を持てなかったが、実際の建築以上に立体的な体験をもたらしてくれる彼の油絵には、強く惹かれるものがあった。

デュシャンは芸術家というよりも、むしろぼくの考える「建築家」に近い感覚があるような気がしたのだ。彼が「四次元」という概念に興味を持っていることも、彼の対談集を読んで知った。「煙草の煙と吐き出した煙が結婚する」や「コールテンのズボンが擦《こす》れる音は音楽」といった彼の発言からも、日常の些細な行為の中に立体的なものを見つけ出す「建築家」の着想が感じられてしまうのだ。

目の前の空間とは異なるもう一つの空間を頭の中でつくり出し、それを体感できるほど詳細に、細部まで形を与えていく。まるでSFのような発想であるが、ぼくにまったく新しい空間の捉え方をもたらしてくれた。

見た目には何の変哲もない空間であったとしても、その壁に張られたポスターのテープの貼り具合や、コンセントにつないでいるタコ足配線の乱雑さ、動き回る人々の動線、着ている服の違い、商品が羅列されている様子、飛び交う会話の音、そして、真夜中であるにもかかわらず、室内が蛍光灯の灯りで満ち溢れている状態……。そんなことをこれまでよりも敏感に捉えることができた。無意識に立てられた雑音、会話音、店内で流れている流行歌などが混ざって一つの空間を満たしているのも、デュシャンのコールテン・オーケストラのごとく耳で聴き取れるようになった。

更地に机上で設計したものをつくり上げるよりも、無数の人間によって無意識に無計画につくり上げられた都市の中で独自の空間をつかみとっていくこと。そのプロセスにこそ、ぼくの考える「建築」があるのではないかと思うようになった。

今和次郎の考現学

何かをつくるのではなく、すでにできあがっている現実をどのように感じていくかという発想には、今和次郎《こんわじろう》の仕事に触れたことも大きく影響していた。

今和次郎は、明治から昭和にかけて生きた研究者だ。当初、民家研究を行い、日本初の民家研究書を出した彼は、その後、関東大震災以後に民衆がつくり上げたバラックをスケッチ採集するという作業にとりかかった。さらにはバラック装飾社というグループをつくり、カフェなどの店舗にペンキを塗ったり、彫刻を取り付けたりと商業建築のはしりのようなことも始めた。そうして、地方の民家から、大都市の店舗に視点を水平移動する中で、次第に街のあらゆる事象を克明に記録することに熱中しだす。その試みは、考古学をもじり、「考現学」と呼ばれるようになった。

彼は弟子の吉田謙吉とともに、一見あまり役に立ちそうにないものまで詳細な記録をとった。タバコの吸い殻、スカートの丈、店舗の並び、洗濯物の干し方、継ぎ当ての仕方、障子の破れ方など。それはまるでファーブル昆虫記のような、人間の行動の記録であった。

ぼくは、その記録のあまりの役に立たなさっぷりに衝撃を覚えた。こういうやり方もあるのかと感銘を受けてしまった。

ものをつくることは、何も専門家の仕事にかぎったことではない。むしろ生活の中でこそ、人々は気づかないうちに何かをつくっているのである。今和次郎の考現学は、その無意識の創造性を具体的に浮かび上がらせようとした。

身の回りにあるさまざまな事柄を、まったく違う視点で見つめてみる。それは都市を新たに再構築するための第一歩である。

ぼくらの生活の背後に、普段は気づかない、無意識に何かを生み出している階層《レイヤー》が潜んでいる。そこでは誰かのためにデザインすることよりも、あらゆる人のデザインを知覚できるような解像度の高い視点を持つことが重要だ。なぜなら、都市では、同じ空間にあらゆる種類の人間、建築、道具などが同居しているからである。

これは、たとえば遠く辺境の地へ旅をして、山岳民族の泥でつくられた家を見に行く、といった発想とはまったく逆のベクトルにある。むしろ場所は同じでも、ラジオをチューニングするように、周波数を変えるだけで都市は一瞬にして違った顔を見せるからだ。

東京都庁という巨大なコンクリート建築の真裏に、脈絡もなく緑が溢れる新宿中央公園があり、その公園には無数のブルーシートでつくられた路上生活者の家がある。同じ空間にあらゆる階層《レイヤー》が存在しているのである。解像度の高い視点さえ持っていれば、場所を大きく移動せずとも、複数の旅行をしているような感覚で街を歩くことができるだろう。

猪谷六合雄のモバイルハウス

人間の生活と建築の関係を考えていくうちに、もうひとり日本人に突き当たった。彼の名前は猪谷《いがや》六合雄《くにお》という。日本にスキーが紹介されたばかりの一九一四年にスキーと出会い、その後、日本国内にスキー文化を広めた人物として知られている。

そして、彼は山にこもってスキーをするときに、自力で家を建設していたという。その家が、０円ハウスと非常に似ているのだ。自分の内的必然性をベースに家をつくり上げているのである。やはり自分の頭で考え、自力で家をつくるとき、人は自然とその方法を採るのであろう。

彼は自分の手で、家を、トイレを、暖炉を、靴下を、スキー板を、子供のためのジャンプ台をつくった。トイレの座面カバーまで自分で編んだ。また、トイレは一番頭が働く場所だといって、書き物ができるような小机までつくっている。

ぼくが一番共感したのは、彼のつくったお風呂の話だ。もちろんお風呂も手づくりなのだが、その寸法の取り方がニクい。長いほうを、彼が足を伸ばして座ったときの長さ、短い方を、彼の奥さんが足を伸ばして座ったときの長さに設定しているのだ。これで、誰でも足を伸ばしてお風呂を堪能することができる。まさに自分たちに必要な尺度で家をつくっているのである。

さらに猪谷はモバイルハウスまでつくっている。

七二歳にして初めて自動車の運転免許を取得した彼は、さっそくエルフというマイクロバスを手に入れ、その中にテーブル、本棚、ベッド、キッチンをつくった。その後、一九六二年型フォルクスワーゲンのデリバリーバン、一九六八年型の同じくワーゲンへと乗り換え、いずれもモバイルハウスとしての機能を装備させている。

『雪に生きた八十年』という彼の著作には「車の生活」という章があり、自身の車上生活の詳細な記録が書き残されている。それによると、三台目のモバイルハウスには、道具や荷物を整理するための大小五〇ほどの引き出しがあり、イス兼ベッド、キッチン、テレビなど、詰め込めるだけ詰め込まれた彼のアイデアが結晶化した空間がつくり出されたという。彼は自宅でも、庭に駐めていたこの車の中で生活していたらしい。そして、七〇代半ばを過ぎてもモバイルハウスのアイデアは彼の中で膨らみつづけ、ついにはヘリコプターの中に家をつくりたいという構想へと広がっていったという。

都市型狩猟採集生活というアイデア

先人から多くのヒントを得たぼくは、本格的に路上生活者の家を調査しはじめた。0円ハウスの住人たちは、確実に、ぼくらと違う視点で都市を捉えている。彼らの生活や空間のつくり方を調べる必要があると思ったのだ。

彼らは、暗黙の了解あってのことではあるが、公有地に住みながらも撤去されることなく、家を建てることに成功している。すでに、ぼくにとって、公園や川沿いに建つ0円ハウスはただの路上生活者の家ではなくなっていた。それらは、権力を持たない、力のない人間であっても、都市の中に独自の空間を獲得できるという証明そのものであった。

ぼくはまた、彼らがそこで生活することの持つ意味や可能性に対して、自覚的であることにも感銘を受けた。

彼らは、何一つシステムを変えることなく、すべてを自らで決断するという勇気によって、自分だけの家、自分だけの生活を手に入れているのである。つまり、社会がどんな状況になろうとも、そこから独立した生き方をしているために、常に主導権は自分自身の手を離れることがない。

彼らは、空間のつくり方においても、画期的な方法をとっていた。

0円ハウスはそれほど広くないが、彼らはその空間に非常に満足していた。身体の延長線上のような感覚で家をつくっているので、住む人間に完全にフィットした広さになっているのである。

しかも、彼らは家の中だけでなく、あらゆる都市空間をまるでリビングルームや庭のように使っている。公園をトイレや水道として、コンビニは定期的に廃棄弁当を獲得できる冷蔵庫として、各地のゴミ置き場は大地の恵みをもたらす湧き水として利用している。また、ガソリンスタンドではバッテリーをもらい、スーパーの掃除をしては廃棄食材を分けてもらい、パチンコ屋では忘れ物のタバコを見つけ、居酒屋ではカセットコンロを拾う。

都市全体がまるで自分の家の機能のような役目をしているので、実際の家には身体にフィットする小さな空間だけあれば十分なのである。

このような視点で眺めると、ぼくの目にも、都市が資源溢れる豊潤な世界に見えてきた。

そしてぼくの中に、ついに、「都市型狩猟採集生活」という概念が、あざやかに浮かび上がってきたのである。

新しき都市型狩猟採集民たちへ

ぼくが話をするのはここまでだ。

今度はきみの番である。

いまや、何一つつくり替えることなく、きみは新しい空間を手にしたのだ。自分でつくり上げた家の住み心地はいかがだろうか？

見慣れた場所が、今までとはまったく違う世界に感じられやしないだろうか？

自分でも制御できないような何かに追われて暮らす日々は、もう終わったのだ。これからは、自分の手によって生活をつくり出せばよい。

もちろん、それは容易なことではないだろう。いくつか困難も襲ってくるかもしれない。そんなときに、この本が少しでもきみの役に立ってくれたらうれしい。

さあ、これで最後だ。

自分に備わっているあらゆる力を駆使して、自由に生きてみよう。

今こそ、きみが持っている創造性を試すときなのだ。

おわりに

この本は、ぼくが東京に住んでいる路上生活者から聞いた話を記録したものであり、都市を構成する多数の階層《レイヤー》を明らかにするものであり、また、どんな状況でも人間は生きていけるということを証明するものだ。そうあってほしいと願い原稿を書きはじめたのだが、書いてはストップし、また書きはじめて、ということを何度も繰り返さねばならなかった。

その間に、世界的な経済危機が起こり、今まで路上生活者のことなど見て見ぬフリをしていたような人でさえも路上生活を余儀なくされる状態が訪れた。

昔から、困窮の末、路上に住まざるをえなかった人はたくさんいた。そして、それらの人々は、どちらかといえば社会的な落伍者のように扱われてきた。しかし、ぼくが実際に路上で会った人々は、メディアで連日放送されているような悲観的な路上生活者のイメージとはかけ離れていた。

もちろん十人十色だ。自分の境遇を嘆いてばかりの人も中にはいる。だが、「路上で暮らすようになって初めてこの生活の面白さに気がついた」という人々にも大勢出会ったのである。

彼らの生活ぶり、仲間との関わり方、お金の稼ぎ方、健康維持法、そして人生に対する思索的な態度などを知るにつれ、そう話す理由もよくわかった。

彼らの肉声をすべてきみに聞かせてあげたいくらいだ。もちろんそこにはいいことだけではなく、さまざまな感情や、矛盾も含まれている。実際に会って話を聞くというのは、そういうことだからだ。

それでも、ぼくが彼らから聞いた言葉を一言にまとめるならば、こうだ。

「人間、どんな状態になっても、ぜったい生きていけるよ」

こんなことを言ってくれる人は、それまでのぼくの人生にひとりもいなかった。

やれ、どこどこの学校へ行けだの、卒業したら会社に勤めろだの、そんな人目を気にしたり、まやかしの安定を求めるようなことばかりを言われてきた。

しかし、あらゆる経済、企業がじつは幻のようなものであり、そこには安定などないことが、少しずつ明らかになってきた。そんな時代だからこそ、人間にとって本当に必要なものは何か、どんな知識を持つべきか、どんな道具を獲得するべきかを真剣に考えていくことが重要である。

都市型狩猟採集生活という視点に立つとき、ぼくらが日々暮らしている巨大な都市は、無機質なシステムではなく、自然の生命力に溢れたジャングルのように感じられるはずだ。

しかもぼくらは、この現代において、すでにその視点を獲得し、実践している先人の存在を知っている。彼らは、今は路上生活者という見せかけの恰好をしているが、新たな視点を獲得した人々は、別の階層《レイヤー》で彼らの本当の姿に出会うことになるだろう。

〈都市の幸〉で暮らそう。

環境やシステムは何一つ変化させなくてよい。必要なのは、きみ自身の思考の解像度を上げ、無数の視点を獲得し、創造的に生きる方法を見つけることだ。

そのとき、きみは、政治、経済、労働、あらゆるものから解放され、きみ自身にしかできない生活を獲得するだろう。

文庫版のためのあとがき

二〇一六年四月十四日の夜、東京にいたぼくは、熊本の家にいる妻と電話で話をしていた。そのときに大きな地震が起きた。心配になって、翌日ぼくは熊本に帰った。七歳の長女が怯《おび》えていた。テーブルの下から離れることができず、熟睡することもできない。三歳になったばかりの息子も怖がっていた。一番安心できるはずの家が、恐ろしい場所に変貌《へんぼう》してしまっていた。

こんなときに声をかけてあげても、あんまり効果がない。そこで、ぼくはギターを持ってきて、音楽を鳴らすことにした。隠れていた娘も少しずつ顔を出してきて、最後は自分でぼくがつくった歌をうたいだした。そのあいだ、小さな余震をぼくは感じたのだが、体を揺らしている子どもたちは気づかないままだった。少し落ち着いた娘は、歌い終わるとテーブルの下にふたたび潜り込んだ。今度は、執筆中の小説を朗読することにした。気づくと、娘は眠っていた。人間を高揚させたり、深い眠りに誘ったりする音楽や物語の力を再確認した。つかみどころのない仕事だが、音楽と文字を書くことは死ぬまで続けていこうと思った。

ぼくは躁鬱《そううつ》病で日常生活ではたびたび混乱してしまうのだが、こういう危機的な状態になると体が覚醒《かくせい》するらしく、ちっとも眠くならない。体が何かいろんなものを感じとっている。肌がぴりぴりする。目がよく動き、ものの輪郭線がくっきりと見える。思いつくと、すぐ行動している。

本が散乱した自分の部屋の様子を見にいくと、縄文土器の先生にもらった大きな黒曜石と、近所の山で娘が見つけてきた鳥の巣が目に入った。鳥の巣は獣毛と苔《こけ》でつくったとても繊細なものだったので、ぼくは大事に保管していたのだが、本で潰《つぶ》されてもまったく壊れていなかった。ゴムのような巣なのだ。黒曜石はただじっと黙ったまま、それでも何かをこちらに働きかけている気配が漂っている。ぼくは体を休めようと、目と口をただ閉じて横になっていたが、やはり落ち着かず寝室の横であぐらをかいて座った。十二時をまわって四月十六日になっていた。

そして、午前一時すぎに震度6強の本震が起きた。ぼくはすぐに家族を起こし、外に避難することにした。財布も何も持たずに、ただ外に出た。なぜかギターだけは離さなかった。パジャマのまま。上着ももたずに。とんでもない揺れだった。家の向かいの駐車場でぼくたちは一夜を明かすこととなった。

「きみは何も持たず、着の身着のままで街に降り立った」

ふと、この本の冒頭が頭をよぎった。二〇一〇年に出版されたとき、ぼくはまだ大きな地震などの天変地異を実際に経験したことはなかった。その後、二〇一一年三月十一日の東日本大震災、その後の福島第一原発爆発事故が起き、ぼくは家族を連れて東京から故郷の熊本へ避難した。そして、今度は熊本でまた大地震に遭った。気づいたら、家族四人で着の身着のまま路上に突っ立っていた。その後、それぞれリュックサック一つに荷物をまとめ、今度は妻の実家がある横浜《よこはま》に一時避難することにした。今年の二月に文庫化の話があり、四月に被災し、着の身着のままになり、今、ぼくはこの原稿を横浜で書いている。

これからどうするのか、ぼくもまだわからない。なんとなく落ち着かない気分だ。そんな気持ちでもう一度、自分が書いたこの本を出版されてからはじめて読み返してみた。この本に出てくる「きみ」が、今の自分なのではないかと思えてくる。余震も落ち着いてきた。そろそろ日常生活が顔を出してくる頃だろう。危機的な状態では覚醒しているぼくも少し不安な気持ちになってきた。

しかし、この不安こそ重要なのだとぼくは思っている。日常生活でふと訪れる一見すると正体不明の不安。これがぼくにこの本を書かせた原動力になっているのだから。土地を所有すること。水や電気がお金さえ払えばいつも手に入る状態でいること。生活のためだと思って、毎日、同じ場所へ働きにいくこと。この何気ないことのなかに、潜んでいる不安。それは人間の生存本能を引っ張り出してこようと自然と揺れている、体のなかの地震なのではないか。ぼくは今、そんなふうに感じている。

この本は、路上生活のすすめというよりも、ぼくが感じた日常生活のなかの前震だ。今回、九州での大地震を被災して当事者になってわかったことは、すべての人が当事者だということだ。毎日、よくわからない不安を感じている人がいると思う。日常生活では一見、何も起きていないように見えるが、誰かの心のなかでは危機が起きている。しかも、それは絶望することではなく、むしろ、人間の自然な動きなのだ。ぼくが取材をした路上生活者たちは、それを早めに察知し、生存本能によっていつかこの社会を揺らすことになる本震に備えていた。

土地は所有するな、家を買うなと言ってきたぼくだが、この本を出した直後はなかなか言葉が伝わっていかないものだと体感した。しかし、今回、同じ熊本に住む人々はそのことを痛感したはずだ。津波が起きて、沿岸域の海が浄化されるように、天変地異は不思議なことに人間の思考を濁流に飲み込みつつも、実は刷新させる可能性も秘めている。怯えていた娘も地震を怖がるのではなく、波だと思ってサーフィンのように乗ろうとしたり、一緒にダンスをすればいいのかもしれないと体を揺すったりといろいろ試していた。この本を読んで、不安こそ創造の源であるということが伝われば本望である。

「モバイルハウスをいつか建ててみたい」

震災後、妻がぼくにそう言ってきた。熊本に戻って、今度は自分たちで家を建ててみたい、しかも、その家は地面とつながっていない鴨長明の方丈庵のような可動式のモバイルハウスがいい。妻がそんなことを言ったのははじめてのことだ。実際にぼくが設計した熊本のモバイルハウスは傷一つなかった。ぼくたち一家も、ゼロから都市型狩猟採集生活を始めるときなのかもしれない。

最後になるが、この本を二〇一〇年の時点で出そうと担当編集をしてくれた九龍ジョー氏にお礼を伝えたい。ここで生まれた考え方が、その後のぼくの行動のすべての種になっている。何かが起きたから変わったわけではなく、ぼくはずっと根源的なことを考えているし、それをもとに行動してきた。そのことをこの本を読んで、再確認することができた。同時に、期せずしてこのタイミングで文庫化することを提案してくれた岩橋真実さんにも感謝している。そして、いつもぼくの突飛な行動についてきてくれる家族、フー、アオ、ゲンにも。

またこれからもきっといろんなことが起きる。

そんなときのために読んでほしいし、そんなことが起きても読んでほしい。

ずっと変わらずに不安は潜んでいる。

そこに蓋《ふた》をするのではなく、覗《のぞ》き込みながら生きていきたい。

不安なままに生きる。

ぼくはいつもそのことを書いているような気がする。

二〇一六年五月三十一日　横浜・日《ひ》限山《ぎりやま》にて　坂口恭平

解説

九龍《クーロン》ジョー

この文庫の元本となる単行本『ゼロから始める都市型狩猟採集生活』は、著者・坂口恭平にとって五冊目の著作となる。私はその本の担当編集者だった。最初にそのことを断っておきたいと思う。

刊行は、二〇一〇年八月。企画自体は二〇〇八年に立ち上がっている。太田出版で当時、私の上司だった北尾修一が、当時、出たばかりの『TOKYO 0円ハウス 0円生活』を読んで、坂口と本をつくろうと思い立ったのだ。北尾の紹介で、私が坂口と初めて会ったのが、二〇〇九年春のこと。その時点で、「何も持たない主人公がRPGのごとく少しずつ装備と経験値を増やし、都市の中で生き抜く術《すべ》を身につけていく」というコンセプトと、それに基づくいくつかの断片的な原稿が存在していた。

ただ、それらをどうまとめるべきか、当の坂口は悩み、書きあぐねていたようだ（いま思えば、鬱《うつ》期も重なっていたのだと思う）。北尾からすれば、私なら「世代も近いし、なんだか気が合いそうだ」ぐらいの理由だったのだろう、一度、坂口と話をしてみないかと誘われた。

場所は、原宿《はらじゅく》のＶＡＣＡＮＴ。現代美術クルーであるChim↑Pomの美術展だった。それが坂口だった。見るからに才気《さいき》溢《あふ》れる男が、早口で何かまくしたてながらこちらにやってくる。喧嘩腰《けんかごし》ですらあった。「あいつはダメだよ！」私が仕事をしている、ある写真家が気にいらないのだという。やや困惑したが、しかし、そのストレートな物言いが面白かった。また、私も彼も同じような時期に築地《つきじ》市場で働いていたことも分かった。北尾の目論見《もくろみ》どおり、私たちはすぐに意気投合した。

この日以来、私は坂口恭平の担当編集者となった。本書を皮切りに、『幻年時代』、『家族の哲学』と、これまで三冊の本を担当している。なお、坂口がはじめにケチをつけた写真家は、いまでは彼にとって唯一無二の親友となっているのだから可笑《おか》しい。

当時の坂口は、ともすれば一風変わった路上生活研究家と見られることもあった。だが、本書を読まれた方ならお分かりのとおり、彼の根底にあるのは既存の都市生活や建築に対する素朴な問題提起である。

そして都市型狩猟採集生活とは、本書の説明を引くなら、「新たな視点を持ち、都市に無数の階層《レイヤー》が存在することを知る」ための概念なのだ。

「ぼくが繰り返し言う都市型狩猟採集生活というのは、ただの路上生活のことではない。最終的な目標は、自分の頭で考え、独自の生活、仕事をつくり出すことにある」

本書の第六章では、こう考えるに至った坂口のルーツが語られている。六〇年代カルチャーを経由して出会った、ヘンリー・デイヴィッド・ソロー『森の生活』、鴨長明『方丈記』。市井の生活をオルタナティブな視点で捉《とら》え直そうとした彼らは、さしずめ都市型狩猟採集生活のオリジネイターである。重要なのは、彼らが文学者、社会思想家であると同時に、実践家でもあったということだろう。

さらに、坂口は出会う。マルセル・デュシャン、バックミンスター・フラー、バーナード・ルドフスキー、スチュアート・ブランド、今和次郎、猪谷六合雄……。やはり、いずれも芸術と同時代への批評とが渾然一体《こんぜんいったい》となったアイデアをもとに、それらをユニークな実践へと結びつけてきた先達ばかりだ。当然のことながら隅田川《すみだ》のエジソンや、多摩《たま》川のロビンソン・クルーソーらもそのチームに名を連ねる。

当然ながら、誰もが都市型狩猟採集生活のような実践を行えるわけではない。隅田川のエジソンも、多摩川のロビンソンも、ある意味、路上のイチローみたいなものだ。話だけ聞けば、私たちでもヒットが打てそうな気もしてくるが、そんなたやすいものではない。都市型狩猟採集生活は、あらゆる智慧《ちえ》と技術が路上で高度に結びついてこそ、可能になる。

しかし、実践のハードルは高くとも、都市型狩猟採集生活という視点を知るだけでも、私たちにとっては意味がある。それは都市生活に眠る、普段は気づかない階層《レイヤー》を教えてくれるからだ。

例えば、インフラというブラックボックス。

「なぜ電気はいつもつながっていないといけないのか、水道はいつでも出せるようになっていないといけないのか。ガスだってそうだ。それは使う分量がわかっていないからではないか。

自分が三食とるために必要な食材と米の量はだいたいわかっているから、食材を家に溜め込む必要はない。だけど、電気の量はわからないのだ。どれだけあれば、テレビが映るのか、電灯が点くのか、パソコンが使えるのか、電話がかけられるのか」

蛇口をひねれば水が出る、スイッチを押せば灯《つ》りが点く、という生活に慣れてしまった私たちは、普段それらがどのように私たちのもとに届くかについて無頓着《むとんちゃく》だし、そもそも自分が一週間に水や電力をどのぐらい必要とするのかすら、ほとんど把握できていない。

それでも成り立ってしまう私たちの都市生活というものがいかに脆弱《ぜいじゃく》なものであるかを思い知るのは、本書の刊行から少し経ってのことだった。

本書刊行からさかのぼること四ヶ月前、開局したばかりのインターネットのストリーミング放送局DOMMUNEで、「都市型狩猟採集生活」という番組が始まった。主宰の宇川直宏氏が坂口の存在を面白がってくれて、私たちに放送枠をくれたのだ。

番組は、坂口をホストに、司会をライターの磯部涼が務め、私が構成を担当した。各回のゲストには、中沢新一氏、養老孟司氏、そして刊行記念の回には、本書のキーパーソンである隅田川のエジソンこと鈴木正三氏が出演。刊行後には建築家の藤村龍至氏を迎え、さらに、先ほどのインフラのブラックボックス化について考えるために、エネルギー問題の専門家である飯田哲也氏と、ドキュメンタリー映画監督の鎌仲ひとみ氏を迎えて生放送を行ったのが、二〇一一年三月三日。

番組中、飯田氏が福島第一原子力発電所の津波被害の危険性について触れたのだが、その八日後となる三月十一日、あの未曾有《みぞう》の大震災が起こり、まさに指摘されていたとおりの原発事故が続いた。

それは隠れていた都市生活の階層《レイヤー》が一挙に剝《む》き出《だ》しになるような出来事でもあった。

そのような事態に至り、本書の奥底を流れるもう一つのメッセージが強く響いてきたのを覚えている。

「おわりに」にこうある。


「それでも、ぼくが彼らから聞いた言葉を一言にまとめるならば、こうだ。

『人間、どんな状態になっても、ぜったい生きていけるよ』」


坂口恭平と出会う以前、非正規雇用問題を扱った書籍を編集したり、反貧困運動にもコミットしていた私には、ネガティブなものとして捉えざるをえない「貧困」や「貧しさ」といった言葉の実相を、もう少し精緻《せいち》に見てみたいという思いがあった。

そこには、デフレカルチャーや社会的包摂により、貧困や格差こそが不可視の階層《レイヤー》になりつつあることへの漠然とした危惧《きぐ》もあった。

しかし、坂口が多摩川や隅田川で見せてくれた景色や、紹介してくれた人々の生活は、まったく別の可能性を示していた。それは視点によって「貧しさ」が「豊かさ」に反転するといった素朴な発想とも違う。「貧しさ」、あるいは「絶望」と言い換えてもいいかもしれない、一見「ゼロ」と思われる地点にも多様性やグラデーションがあること、人はそこで工夫をしたり、さらにはそれを味わうことすらもできるということに気づかされたのだ。

現在、坂口が自らの携帯電話番号を公開し、「いのっちの電話」と呼ぶ、自殺志願者のためのホットラインを個人で開設しているのも、そういうことだろう。自身、鬱《うつ》期には絶望と希死念慮に苛《さいな》まれながら、しかし、だからこそ見ることのできる階層《レイヤー》がある。そのことを伝えたいし、一緒に考えたいのだ。彼の行動原理は一貫している。

3・11をきっかけに、坂口は出身地である熊本《くまもと》に家族とともに移住した。だが、二〇一六年四月の熊本地震で被災者となり、現在も移動を続けている。その活動報告については、彼自身のツイッターをご覧いただくのが手っ取り早いだろう。

なお、彼のツイッター・アカウントである「@zhtsss」は、本書のタイトル『ゼロから始める都市型狩猟採集生活』をローマ字表記にした際の頭文字からとられている。もともとは私が本書のプロモーションのためにつくったアカウントであった。いままでは正真正銘、坂口恭平本人のアカウントなので、アカウント名を変えてもよさそうなものだが（システム的にも難しいことではないし）、でも久しぶりに本書を読み直し、これはこれで妥当なのかもしれないと思った。坂口自身、いまなお都市型狩猟採集生活をまさに生きているからだ。

こざかしい話だが、いつも坂口とは、「一〇〇年後でも読める本をつくりたいね」と言い合ってきた。

誰もが住む家を所有できる時代ではない。安定した仕事だってそう多くはない。社会の先行きも不透明だ。近い将来、南海《なんかい》トラフ地震津波が来るとも言われている。

一〇〇年後の世界がどうなっているかは分からない。ただ、時を経るごとに、本書の真価は発揮されていくのではないかと思っている。

本書は、二〇一〇年八月に太田出版より刊行された単行本を文庫化したものです。文庫化にあたり、一部加筆修正しております。

著作権者との契約により、本著作物の二次及び二次的利用の管理・許諾は株式会社太田出版に委託されています。

ゼロから始《はじ》める都市《とし》型《がた》狩猟《しゅりょう》採集《さいしゅう》生活《せいかつ》

坂口恭平《さかぐちきょうへい》

平成28年 7月25日　初版発行
令和7年 2月10日　9版発行

発行者●山下直久

発行●株式会社KADOKAWA
〒102-8177　東京都千代田区富士見2-13-3
電話　0570-002-301(ナビダイヤル)

角川文庫 19863

印刷所●株式会社KADOKAWA
製本所●株式会社KADOKAWA

表紙画●和田三造

ISBN978-4-04-104627-2　C0195

◆◇◇

角川文庫発刊に際して

角川源義

第二次世界大戦の敗北は、軍事力の敗北であった以上に、私たちの若い文化力の敗退であった。私たちの文化が戦争に対して如何に無力であり、単なるあだ花に過ぎなかったかを、私たちは身を以て体験し痛感した。西洋近代文化の摂取にとって、明治以後八十年の歳月は決して短かすぎたとは言えない。にもかかわらず、近代文化の伝統を確立し、自由な批判と柔軟な良識に富む文化層として自らを形成することに私たちは失敗して来た。そしてこれは、各層への文化の普及滲透を任務とする出版人の責任でもあった。

一九四五年以来、私たちは再び振出しに戻り、第一歩から踏み出すことを余儀なくされた。これは大きな不幸ではあるが、反面、これまでの混沌・未熟・歪曲の中にあった我が国の文化に秩序と確たる基礎を齎らすためには絶好の機会でもある。角川書店は、このような祖国の文化的危機にあたり、微力をも顧みず再建の礎石たるべき抱負と決意とをもって出発したが、ここに創立以来の念願を果すべく角川文庫を発刊する。これまで刊行されたあらゆる全集叢書文庫類の長所と短所とを検討し、古今東西の不朽の典籍を、良心的編集のもとに、廉価に、そして書架にふさわしい美本として、多くのひとびとに提供しようとする。しかし私たちは徒らに百科全書的な知識のジレッタントを作ることを目的とせず、あくまで祖国の文化に秩序と再建への道を示し、この文庫を角川書店の栄ある事業として、今後永久に継続発展せしめ、学芸と教養との殿堂として大成せんことを期したい。多くの読書子の愛情ある忠言と支持とによって、この希望と抱負とを完遂せしめられんことを願う。

一九四九年五月三日

角川文庫ベストセラー

角川文庫ベストセラー

SNOOPY COMIC SELECTION 70's

チャールズ・M・シュルツ
谷川俊太郎＝訳

初めて読む人にぴったりのスヌーピーのコミック集。哲学的だったり、生意気だったり……かわいいだけじゃないスヌーピーを堪能できる！　クスッと笑えるスヌーピーコミック。谷川俊太郎の新訳も必読！

死後はどうなるの？

アルボムッレ・スマナサーラ

仏教には「一切のものごとは生まれては消えていく」という考えがあり、それを「流れ」と言います。輪廻転生や死後についてスマナサーラ長老がわかりやすく語ります。こころの大切さが実感できる一冊です。

ブッダの「慈しみ」は愛を超える

アルボムッレ・スマナサーラ

雑事少なく軽々と生きる。すべてのものに母のような気持ちで。ブッダの生前から詩として伝えられてきた経典を現代語訳。単なる生き方本ではもの足りない人におすすめの画期的著書。

家出のすすめ

寺山修司

愛情過多の父母、精神的に乳離れできない子どもにとって、本当に必要なことは何か？「家出のすすめ」「悪徳のすすめ」「反俗のすすめ」「自立のすすめ」と四章にわたり現代の矛盾を鋭く告発する寺山流青春論。

書を捨てよ、町へ出よう

寺山修司

平均化された生活なんてくそ食らえ。本も捨て、町に飛び出そう。家出の方法、サッカー、ハイティーン詩集、競馬、ヤクザになる方法……、天才アジテーター・寺山修司の100％クールな挑発の書。

角川文庫ベストセラー

13歳からの反社会学
パオロ・マッツァリーノ

常識のウソをぶっとばせ！　世の中の社会や情報を見るためのヒントを、くだらない（とされる）こともマジメに考える「反社会学」で学ぶ特別講義。表も裏も、裏の裏まで……世界の見方、教えます!!

嘘つきアーニャの真っ赤な真実
米原万里

一九六〇年、プラハ。小学生のマリはソビエト学校で個性的な友だちに囲まれていた。三〇年後、激動の東欧で音信が途絶えた三人の親友を捜し当てたマリは――。第三三回大宅壮一ノンフィクション賞受賞作。

心臓に毛が生えている理由《わけ》
米原万里

ロシア語通訳として活躍しながら考えたこと。在プラハ・ソビエト学校時代に得たもの。日本人のアイデンティティや愛国心――。言葉や文化への洞察を、ユーモアの効いた歯切れ良い文章で綴る最後のエッセイ。

火の鳥　全13巻
手塚治虫

永遠の命とはなにか。不死の〈火の鳥〉を軸に、人間の愛と生、死を、壮大なスケールで描く。天才手塚治虫が遺した不滅のライフワーク。各巻カラーイラストの表紙、巻頭に十六頁カラーを掲載。

メトロポリス
手塚治虫

天使の姿と悪魔の超能力を持つ世界一美しい人造人間ミッチィは、太陽の大黒点が発する放射線の影響によって誕生した。秘密組織によって自らの正体を知らされたミッチィは……漫画史上に名高い古典的名作！